वक़्त की आवाज़

जब तक आवाज़ बची है, तब तक उम्मीद भी बची है।
इस शृंखला की कड़ियों में आप अपने समय के ज्वलंत प्रश्नों पर
लेखकों-कलाकारों-कार्यकर्ताओं की बेबाक टिप्पणियाँ पढ़ेंगे।
ये टिप्पणियाँ जितना हमारे समय के गतिशास्त्र को समझने में हमारी मदद
करती हैं, उतना ही इस बात के लिए आश्वस्त भी करती हैं कि
ताक़त के समीकरण समाज, राजनीति और अर्थतंत्र को जो शक्ल दे रहे हैं,
उसे नियति मानकर स्वीकार नहीं किया जा रहा।
ये इनकार की आवाज़ें हैं और इनकार का आधार तर्क-विवेक-युक्त विश्लेषण है।
वह जाति का प्रश्न हो या सांप्रदायिकता का, कश्मीर का प्रश्न हो
या राष्ट्रीय नागरिकता खाते का, विविधता और बहुलता पर हमले का सवाल हो
या विज्ञान और विवेक के ख़िलाफ़ अंधश्रद्धा के प्रोत्साहन का –
इस शृंखला की कड़ियाँ हर मुद्दे की बारीकियों और जटिलताओं
को आपके सामने लाने का एक विनम्र प्रयास हैं।

किसका संविधान,

किसका देश?

वक़्त की आवाज़ 6

किसका संविधान, किसका देश?

संपादक

संजीव कुमार

शिप्रा किरण

प्रांजल

वाम

पहला संस्करण, फ़रवरी 2020

लेफ़्टवर्ड बुक्स

2254/2 ए, शादी खामपुर

न्यू रंजीत नगर

नई दिल्ली – 110008

वाम प्रकाशन और लेफ़्टवर्ड बुक्स नया रास्ता पब्लिशर्स प्रा. लि. की प्रकाशन शाखाएं हैं।

leftword.com

ISBN 978-81-944759-2-7

प्रकाशित लेखों और चर्चाओं के प्रकाशन ब्यौरे उनके अंत में दिए गए हैं।

किताब में इस्तेमाल किए गए लेखों के प्रकाशन के लिए सभी उपयुक्त स्रोतों से अनुमति ले ली गई है। अगर कोई कमी रह जाती है तो प्रकाशक की तरफ़ से इसमें सुधार किया जाएगा।

मुद्रक : चमन इंटरप्राइज़ेज़, दिल्ली

Series: Waqt ki Awaz 6

Kiska Samvidhan, Kiska Desh?

Edited by Sanjeev Kumar, Shipra Kiran, Pranjal

विषय सूची

भूमिका

एक लोकतांत्रिक और साहसी जवाब की उम्मीद में

जस्टिस अजीत प्रकाश शाह

नागरिकता संशोधन क़ानून न्यायपालिका के लिए एक ऐतिहासिक क्षण बन चुका है। इस क्षण का संदेश यह है कि अब समय आ गया है कि न्यायपालिका अपनी आवाज़ दुबारा हासिल करे; हकलाने से इनकार करे; खुलकर बोले और पीछे की ग़लतियों का निराकरण करे।

नागरिकता क़ानून में किए गए हालिया संशोधनों के बाद जो नया क़ानून बना है, उसने मुझे और बहुत सारे लोगों को विचलित कर दिया है। इसमें कोई शक नहीं है कि यह क़ानून स्वयं ही समस्यामूलक है और अगर इसके साथ राष्ट्रीय नागरिक रजिस्टर (एनआरसी) मिला दिया जाए तो समस्या कई गुना बढ़ जाती है। जब असम में एनआरसी लागू हुआ था तो पीपुल्स ट्रिब्यूनल का मैं भी एक हिस्सा था, और हमने पाया कि हालाँकि सभी काम न्यायालय के संरक्षण में हुए थे, तब भी यह बहुत ही भयावह परिणामों वाली एक विनाशकारी क़वायद थी।

नागरिकता (संशोधन) क़ानून-2019 (सीएए) के बाद विरोध-प्रदर्शनों का होना आश्चर्यजनक नहीं था, लेकिन विरोध-प्रदर्शन करने वालों के साथ जिस प्रकार का बर्ताव किया गया, वह निश्चय ही आश्चर्यजनक है। छात्र-छात्राओं के नेतृत्व में हुए शांतिपूर्ण विरोध-प्रदर्शनों में क़ानून-व्यवस्था के तंत्र की प्रतिक्रिया के कारण हिंसा की घटनाएं हुईं तथा देशभर में संपत्ति का नुक़सान हुआ, जो कि बहुत दुर्भाग्यपूर्ण है। यह उस समय-काल का प्रतिबिंब है जिसमें हम रहते हैं और

यह इंगित करता है कि अब हमारे देश में युवाओं को अपना आने वाला बहुत ही महत्वपूर्ण समय ऐसे नेतृत्व से भिड़ने में लगाना है जो कि पूरी तरह से सांप्रदायिक और एकाधिकारवादी है।

मातहत न्यायपालिका

ऐसे समय में, समानुभूति एक स्वाभाविक प्रतिक्रिया है, विशेषकर ऐसी पीढ़ी की ओर से जो कि बहुत ही बुरे एकाधिकारवादी शासन, जो कि आपातकाल था, के दौर को देख और जी चुकी है। इस संदर्भ में, व्यक्तिगत रूप से जो मुझे बुरा लगता है, वह यह है कि इस पूरे आख्यान (नैरेटिव) में न्यायपालिका की आवाज़ या तो क़रीब-क़रीब पूरी तरह से ग़ायब है या फिर ताक़तवर कार्यपालिका से बहुत ही घबराई हुई है।

सीएए का खुल्लमखुल्ला प्रचार उन लोगों को देशीकरण के माध्यम से नागरिकता प्रदान करने के 'फ़ास्ट ट्रैक' साधन के रूप में हो रहा है जिन्हें वह तीन पड़ोसी देशों (अफ़ग़ानिस्तान, बांग्लादेश और पाकिस्तान) के प्रताड़ित अल्पसंख्यकों (हिंदुओं, सिखों, बौद्धों, जैनियों, पारसियों और ईसाईयों) के रूप में चिह्नित करता है। वे सभी लोग जो इन समुदायों से संबंधित हों और उपरोक्त तीन देशों के हों, उन्हें क़ानून के आधार पर 'अवैध अप्रवासी' नहीं माना जाएगा।

सीमित व्याख्या

जब से विधेयक पेश किया गया और अंततः क़ानून बना, तब से हम इससे जुड़े विधान और राजनीति की व्याख्या करने वाले अलग-अलग खाँचे पेश करते मुख़्तलिफ़ नज़रियों के सामने हैं। एक प्रमुख और तार्किक रूप से सबसे महत्वपूर्ण मत यह है कि यह क़ानून असंवैधानिक है। ऐसा बहुत से कारणों से है, केवल इसलिए नहीं है कि यह क़ानून मनमाना है और भारतीय संविधान के

अनुच्छेद 14 में दर्ज, क़ानून की नज़र में समानता के अधिकार का हनन करता है। यह जानबूझकर मुसलमानों को अल्पसंख्यक समुदाय के रूप में हाशिए पर खड़ा करता है और नागरिकता देने के लिए धार्मिक पहचान का इस्तेमाल करता है। ऐसा करते हुए इसने संविधान की आत्मा को ही नष्ट कर दिया है। धार्मिक अल्पसंख्यकों के उत्पीड़न को अलग से भारतीय नागरिकता प्रदान करने की बुनियाद बनाने का ठीक वैसे ही कोई वैधानिक आधार नहीं है जैसे कि केवल इन तीन देशों (अफ़ग़ानिस्तान, बांग्लादेश और पाकिस्तान) के लोगों को 'फ़ास्ट ट्रैक' देशीकरण से बांधने में कोई तर्क नहीं है। बेशक परदेशी अप्रवासियों (इमिग्रेंट्स) को नागरिकता देने का एक मात्र मानक, किसी भी तरह का उत्पीड़न ही होना चाहिए। लेकिन प्रताड़ना की व्याख्या को इस प्रकार सीमित करने से वह बुनियादी समझ ही छीज जाती है जिसके आधार पर भारत के गणतंत्र का निर्माण हुआ था, और स्वतंत्रता संग्राम की उन ऐतिहासिक वास्तविकताओं की अनदेखी होती है जिन्होंने हमें आज़ादी दिलाई (जिसका आधार-सिद्धांत समानता और विविधता थी)।

स्पेक्ट्रम के दूसरी तरफ़ वैकल्पिक मत भी मौजूद हैं, जो इस आख्यान (नैरेटिव) को हवा दे रहे हैं कि सीएए बिल्कुल भी हानिकारक नहीं है और इसकी मंशा आम माफ़ी देना तथा अप्रवासन (माइग्रेशन) को वैध बनाने की दिशा में तेज़ी से काम करना है। तार्किक रूप से यह आख्यान (नैरेटिव) – कि सीएए हानिकारक नहीं है – वैधानिकता के प्रश्न से भी ज्यादा महत्वपूर्ण मुद्दा है, क्योंकि यह क़ानून जिस बड़ी योजना का एक छोटा सा भाग है, यह उसे ही दरी के नीचे खिसकाने की कोशिश कर रहा है।

धार्मिक राष्ट्रवाद के बारे में

आप पूछ सकते हैं कि आख़िर यह बड़ी योजना (ग्रैंड डिज़ाइन) क्या है। पहली नज़र में, सीएए का निहितार्थ उन व्यक्तियों को अलग-थलग करना है जिनकी

पहचान मुस्लिम समुदाय से संबंधित होती है। यदि आप क़ानून की समझ को सीमित कर देते हैं, जैसा कि सरकार चाहेगी, और अगर इसे केवल अप्रवासियों पर ही लागू किया जाए, तो यह क़ानून अपने आप ही मुस्लिम अप्रवासियों को दूसरे दर्जे के प्राथमिकता देगा जब वे भारतीय ज़मीन पर होंगे चाहे उन्होंने भारत तक की लंबी यात्रा उन्हीं कारणों (ग़रीबी, राजनीतिक उत्पीड़न आदि) से की हो जिनके चलते उनके हिंदू या ईसाई पड़ोसी बाहर निकले हों। अगर आप इस क़ानून को लेकर अपनी समझ को बढ़ाएं, जैसा कि सरकार ने प्रकट रूप से किया है (सीएए को एनआरसी से जोड़कर), तो इसका निहितार्थ भारत में सभी मुसलमानों को दूसरे दर्जे का नागरिक बनाना है। ऐसा करने से यह क़ानून और नीति धर्मनिरपेक्षता, बंधुत्व और मानवता के मौलिक संवैधानिक सिद्धांतों को न केवल उलट देती है बल्कि नष्ट भी कर देती है।

हिंदुत्व के आइकन जैसे कि विनायक दामोदर सावरकर और उनके जैसों द्वारा फैलाए गए सांस्कृतिक और धार्मिक राष्ट्रवाद की विचारधारा, साथ ही सावरकर द्वारा प्रतिपादित 'हिंदू राष्ट्र (राज्य), हिंदू जाति (नस्ल) और हिंदू संस्कृति' के आदर्श में इसकी जड़ें हैं। धार्मिक राष्ट्रवाद के रूप में, यह विचारधारा एक ऐसे राष्ट्र की कल्पना करती है जिसमें हिंदू शासन हो, यानी अखंड भारत में हिंदू राष्ट्र, जो इस विश्वास पर आधारित है कि केवल हिंदू ही ब्रिटिश इंडिया के भू-भाग पर अपनी पैतृक भूमि यानी पितृभूमि और उनके धर्म की भूमि यानी पुण्यभूमि के रूप में दावा कर सकते हैं। इस संदर्भ में, मुसलमानों और ईसाईयों को विदेशी के रूप में देखा जाता है जो कि भारत के भू-भाग के लिए देशज (मूल निवासी) नहीं हैं, और जिनके धर्म की उत्पत्ति पृथक पवित्र भूमि में हुई थी।

इस आख्यान (नैरेटिव) से मेरी व्यक्तिगत पृष्ठभूमि आपकी कल्पना से भी ज़्यादा कारणों से संबंधित है। 1940 के दशक में मेरे नाना हिंदू महासभा के अध्यक्ष थे और मेरे स्कूल के दिनों में जिन शुरुआती लेखों से मेरा परिचय हुआ वे सावरकर के थे। 1938 में अपने लेखों में, जब हिटलर अपने चरम पर था, सावरकर ने यहूदियों को लेकर हिटलर की नीतियों और उन्हें अपनी

मातृभूमि से खदेड़ने को सही ठहराया था। उन्होंने कहा, 'एक राष्ट्र उसमें रहने वाले बहुसंख्यकों से बनता है। जर्मनी में यहूदियों ने क्या किया? वे अल्पसंख्यक थे और जर्मनी से खदेड़ दिए गए।' बाल्य अवस्था में मैंने जो पढ़ा और उसे ग्रहण करते हुए तथा उनकी कविताओं की प्रशंसा (आज भी) करते हुए, मैं एक संस्थान के रूप में महासभा पर हमेशा सवाल उठाता रहा, और यह समझने की कोशिश करता रहा कि उनकी कार्रवाइयों को कौन सी बात उकसाती थी। उस समय भी, सावरकर के विषय में जो बात मुझे विशेषकर आश्चर्य में डालती थी, वह थी सावरकर का उस समय के फ़ासीवादी तानाशाहों के लिए जुनून, ख़ास तौर से हिटलर और मुसोलिनी के लिए।

हाशियाकरण, बहुसंख्यकवाद और संवैधानिकता पर हिंदू महासभा और उसके वारिसों की सैद्धांतिक स्थिति लगातार एक समान बनी हुई है, लेकिन अपनी इस निरंतरता में उन्होंने हिंदू राष्ट्र के काल्पनिक विचार को पकड़े रहने और सांस्कृतिक, भाषाई तथा धार्मिक रूप से विविधतापूर्ण आधुनिक भारत की सच्चाई से दो-चार न होने के दोष भी उद्घाटित किए हैं।

चूँकि नागरिकता संशोधन क़ानून (सीएए) अनैतिक है, लोगों का आंदोलन अवश्यंभावी है और आवश्यक भी है, वरना वे मौलिक सिद्धांत जिन पर भारत की संवैधानिक संकल्पना आधारित है, एक ऐसी चीज के लिए बर्बाद हो जाएंगे जो हमेशा के लिए गहरे ज़ख़्म छोड़ सकती है।

न्यायपालिका की आवाज़ की तलाश : क्या यह एक निर्णायक मोड़ हो सकता है?

नागरिकता संशोधन क़ानून (सीएए) के ख़िलाफ़ हो रहे विरोध-प्रदर्शनों के मद्देनज़र, जैसा कि बताया गया है, भारत के प्रधान न्यायाधीश ने कहा कि अगर लोग/प्रदर्शनकारी 'सड़कों पर उतरना' चाहते हैं, तो उन्हें अदालत का दरवाज़ा खटखटाने की कोई आवश्यकता नहीं। कुछ लोग इस वाक्य को इस चेतावनी के

रूप में भी पढ़ सकते हैं कि न्याय पाने के लिए अच्छा व्यवहार पहली आवश्यकता है। लोकतंत्र में किसी भी घटना में विरोध-प्रदर्शन और न्यायपालिका की शरण में जाना ऐसे विकल्प हैं जो लोगों को वैध रूप से उपलब्ध हैं। वास्तव में, असहमति या विरोध लोकतंत्र की जीवनरेखा है। लेकिन जब पूरा समाज एक इकाई के रूप में विरोध-प्रदर्शन कर रहा हो तो न्यायपालिका को क्या करना चाहिए? ऐसे हालात में, जैसे कि अब हो रहे हैं, प्रदर्शनकारियों को अच्छा या बुरा घोषित करने के लिए कोई स्पष्ट रेखा नहीं खींची जा सकती।

ऐतिहासिक रूप से, उन हालात को संभालने के मामले में, जहाँ वे ही अंतिम मध्यस्थ हों, भारतीय अदालतें एक बहुत ही रंगबिरंगा इतिहास रखती हैं। विशेषकर जब इनका सामना किसी ताक़तवर कार्यपालिका से हो, तो अदालतें डगमगाने की प्रवृत्ति रखती हैं, आपातकाल को इसके उदाहरण के रूप में देखा जा सकता है। आज की पीढ़ी के न्यायाधीशों के पूर्ववर्तियों ने चालीस वर्ष पूर्व भारत के लोगों के साथ जो भी ग़लत किया था, उसको ठीक करने के लिए यही ऐतिहासिक घड़ी है। हम बड़ी उत्सुकता के साथ इस क्षतिपूर्ति का इंतज़ार कर रहे हैं। हम उन क्षणों का बहुत ही बेसब्री से इंतज़ार कर रहे हैं जब हमें 'किसका संविधान, किसका देश?' जैसे प्रश्नों का लोकतांत्रिक और साहसी उत्तर मिलेगा।

'इन सीएए नैरिटिव, फाइंडिंग द ज्यूडिशिएरीज़ लॉस्ट वॉइस' लेख का यह थोड़ा संपादित और अनुवादित रूप है। यह लेख अंग्रेजी दैनिक द हिंदू, में 28 दिसंबर 2019 को पहली बार प्रकाशित हुआ था।

1.

विचारधाराओं के चश्मे से अतीत : राष्ट्रवादी होने का दावा

रोमिला थापर

आज़ादी की लड़ाई के दौरान हमारे यहाँ एक समावेशी राष्ट्रवाद विकसित हुआ जिसके अंदर हर धर्म, संप्रदाय, जाति, लिंग, क्षेत्र और भाषा के लिए बराबरी की जगह थी/है। जिन अंग्रेज़ों के ख़िलाफ़ लड़ते हुए यह राष्ट्रवाद जन्मा था, उनके द्वारा गढ़ी गई भारतीय अतीत की तस्वीर में हमारे यहाँ की तमाम विविधताओं को सपाट कर दिया गया था, जिसकी वजह से राष्ट्र पर अलग तरह की विशिष्ट दावेदारियों का आधार तैयार हुआ। नतीजतन, समावेशी राष्ट्रवाद के साथ-साथ ही हिंदू राष्ट्रवाद और मुस्लिम राष्ट्रवाद का भी जन्म हुआ, जो कहीं से समावेशी नहीं थे। अतीत की वह औपनिवेशिक तस्वीर कितनी ग़लत है, और आज जो लोग 'भारतीय' तरीक़े से सोचने का दावा करते हैं, वे उस तस्वीर के कितने गहरे असर में है, यह देखना दिलचस्प है। हिंदुओं के लिए दमन और उत्पीड़न से भरा लगभग एक हज़ार साल का मुस्लिम काल, दरअसल, एक क़िस्सा है जिसे आज की राजनीतिक ज़रूरतों के मद्देनज़र अतीत पर प्रक्षेपित किया गया है। रोमिला थापर का यह महत्त्वपूर्ण व्याख्यान-लेख अतीत पर किए जाने वाले ऐसे प्रक्षेपणों से हमें सावधान करता है।

आधुनिक दौर में राष्ट्रवाद ऐतिहासिक बदलावों पर प्रतिक्रिया देने वाले सिद्धांत या विचार के रूप में सामने आता है। पूर्व आधुनिक दौर में इसकी कल्पना कर पाना मुश्किल है। इसलिए हम राष्ट्रवाद को कई शताब्दी पहले से नहीं देखते हैं, हम उसे तब से देखते हैं जब समाज बदल रहा था, और तब तक देखते हैं जब तक उसकी ज़रूरत थी। 17वीं और 18वीं शताब्दी में जब यह यूरोप में उभर कर सामने आया, तब वो दौर था जब पूँजीवाद उभर रहा था और उपनिवेशवाद शुरू हो रहा था, और दोनों ही बढ़ने वाले थे। इसके साथ ही मध्यम वर्ग का विकास भी हुआ और उसमें लोकतांत्रिक प्रक्रिया से सरकार में शामिल होने की इच्छा प्रकट हुई। बड़े इलाक़ों में छोटे इलाक़ों को शामिल किया गया था। इसने कई समूहों को साथ लाने का काम किया और एक धर्मनिरपेक्ष पहचान को समावेशी एकता सुनिश्चित करने के लिए प्रेरित किया। ये ज्यादातर राष्ट्रवाद की विशेषताएँ हैं। एक राष्ट्रीय विचारधारा के लिए इतिहास ज़रूरी है लेकिन यह एक साझा इतिहास होना चाहिए जो लोगों को साथ लाने का काम करे। इतिहास को एक बंधन होना चाहिए। इतिहास सिर्फ़ एक ख़ास पहचान द्वारा शासित नहीं हो सकता, क्योंकि राष्ट्रवाद किसी एक ख़ास पहचान के पास ही नहीं था। इसे समवेशी होना ही होगा। ज़ाहिरा तौर पर राष्ट्रीय इतिहास एक सुनहरे दौर को दिखाता है, यूटोपियन दौर जिसका नमूना है। अक्सर इसी तरह के समाज को एक आदर्श समाज मान कर आगे रखा जाता है। लोग यह भूल जाते हैं कि यूटोपिया के तहत इतिहास से जिस भी समाज को चुना जाए, वो इतिहास में ही रहेगा, वो इतिहास का ही हिस्सा रहेगा।

लेकिन आज हम जो देख रहे हैं वो वर्तमान का इतिहास है, जो कुछ मायनों में एक अलग तरह का इतिहास है। राष्ट्रीय पहचान मौजूदा पहचान से बढ़ कर होती है। अगर यह समावेशी है, और सबको जोड़ पाती है, तो यह आम तौर पर ज़्यादा स्वस्थ होती है। लेकिन अगर यह समावेशी नहीं है, और समाज के कुछ हिस्सों को छोड़ कर चलती है, तो ये ख़तरनाक हो सकती है। हमारे पास इसका एक घातक उदाहरण है – 1930 का जर्मनी जब राष्ट्रवाद समावेशी नहीं था, यानी exclusive था। इसने आर्यों की पवित्रता के सिद्धांत का प्रोपेगंडा फैलाया

और यहूदियों का जनसंहार किया, और उस जनसंहार को सही भी साबित किया।

लेकिन जहाँ राष्ट्रवाद समावेशी रहा है, वहाँ वो भले ही टुकड़ों में हो, उसका अच्छा प्रभाव हुआ है। उदाहरण के लिए, अफ्रीकी राष्ट्रवाद जिसे आम तौर पर Negritude भी कहा जाता है और जिसका ज़िक्र हम कभी नहीं करते हैं। यह भारतीय स्थिति के तुलनात्मक इतिहास के हिसाब से ज़्यादा मुनासिब है। कैरीबिया में इसे Aime Cesaire और Leopold Senghor ने स्थापित किया था और अफ्रीकी चेतना को जगाया था। यह अफ्रीका से कैरिबिया और वहाँ से उत्तरी अमेरिका तक गया था। यह राष्ट्रवाद असाधारण रूप से समावेशी था। और मुझे लगता है कि हम इसके फ़ायदों और नुक़सानों के बारे में समझते हुए इसे पढ़ सकते हैं। अगर कुछ नहीं तो यह हमें अलग-अलग तरह के उपनिवेशवाद को समझने में मदद करेगा और यह भी कि इसका राष्ट्रवाद के विचार पर क्या असर पड़ता है।

भारत में राष्ट्रवाद के विचारों का संबंध हमेशा से उपनिवेशवाद से रहा है। लिहाज़ा, भारतीय इतिहास की उपनिवेशवादी समझ का असर हर तरह के राष्ट्रवाद पर छोटे या बड़े स्तर पर रहा है। उपनिवेशवाद से पहले के दौर में जाति, भाषा, धार्मिक संप्रदाय और क्षेत्र की बहुविध पहचानें थीं। लगातार जंग पैदा करने वाली राजनीतिक हवस रियासतों की सरहदों को बदलती रहती थी। पूरे उपमहाद्वीप में उत्तर से दक्षिण और पूरब से पश्चिम तक विभिन्न जातीय ढाँचों ने हर क्षेत्र को एक ख़ास तरह की पहचान दे दी थी। मेरा मत यह है कि धार्मिक पहचान बड़े अखंड धर्मों पर नहीं बल्कि धार्मिक संप्रदायों पर आधारित थी। और जब हम भारत में धर्मों के इतिहास की बात करते हैं, तो हमें धार्मिक संप्रदायों को ज़्यादा महत्व देना चाहिए। कुल मिला कर, अब हम यह समझते हैं कि विविधता ही भारतीय संस्कृति की विशेषता है। और एक हद तक यह भी कहा जा सकता है कि मौजूदा उपनिवेशवाद विरोधी राष्ट्रवाद ने ही विविधता को एक साथ लाने का काम किया है।

लेकिन बात यहीं नहीं रुकती है। क्योंकि अगर विविधता एक विशेषता है,

तो अब सवाल यह है : विभिन्न समुदायों ने अपनी जगह और अपने आपसी रिश्तों की तय-तमन्ना कैसे की? यह एक बुनियादी सवाल है जिसके संदर्भ में कुछ लोग इन रिश्तों को समझने की कोशिश करते हैं, जबकि बाक़ी लोग एक पहचान सामने रखकर यह तर्क देते हैं कि क्योंकि ये पहचान बहुसंख्यकों की पहचान है, इसलिए इसे प्राथमिकता मिलनी चाहिए। आइये, देखते हैं कि इसका इतिहास क्या है।

भारतीय इतिहास के उपनिवेशवादी अध्ययन ने भारत की विविधता से इनकार किया है। भारत का पहला आधुनिक इतिहास सुप्रसिद्ध जेम्स मिल द्वारा लिखा गया है, जिसे 19वीं सदी के शुरुआती दौर में छापा गया था। इसका नाम *The History of British India* (1818–23) था। इस इतिहास की दो थीसिस का असर भारत की राजनीति पर भी पड़ा और लगातार पड़ता रहा। पहला था, काल-विभाजन। मिल ने भारत के इतिहास को तीन कालों में बाँट दिया। हिंदू सभ्यता, मुस्लिम सभ्यता और ब्रिटिश राज। यह काल-विभाजन दो चीज़ों पर आधारित था – धर्म, और शासन करने वाले राजवंश। मिल ने हमेशा से भारत के इतिहास को दो राष्ट्र के रूप में प्रदर्शित किया और 19वीं सदी से ही लगातार हिंदू राष्ट्र और मुस्लिम राष्ट्र के बारे में बोला और लिखा। यह पूरी तरह से औपनिवेशिक इतिहास-लेखन (कोलोनियल हिस्टोरिओग्राफ़ी) द्वारा ईजाद किया गया सिद्धांत था। इसमें यह भी कहा गया था कि यह दोनों राष्ट्र हमेशा से एक दूसरे से नफ़रत करते थे और इस नफ़रत को रोकने के लिए एक ब्रिटिश राज का हस्तक्षेप ज़रूरी था।

यह बात सच है कि औपनिवेशिक राज से पहले भारत के 'एक राज' होने का कोई इतिहास नहीं था। औपनिवेशिक इतिहास ने इन विविधताओं को साफ़-सुथरा करने की कोशिश की। इन विविधताओं से यह नहीं पूछा कि उनका एक दूसरे से क्या संबंध है, बल्कि भारत के सभी धर्मों को बड़े अखंड धर्मों की तरह देखा गया और संप्रदायों को किसी ना किसी धर्म में शामिल कर लिया गया, बजाय इसके कि उन सबको स्वायत्त या कुछ स्तर पर एक दूसरे से

संबंधित देखा जाता। औपनिवेशिक शिक्षाविदों ने उनके हिसाब से हिंदू धर्म और मुस्लिम धर्म के मुक़ाबले को नाटकीय रूप से पेश किया, जिससे उनके दो-राष्ट्र के सिद्धांत को फ़ायदा मिला, जिसकी ज़रूरत औपनिवेशिक नीतियों को पड़ती है। धार्मिक समूहों के रिश्ते कभी भी आसान नहीं होते हैं। उनके बीच समझौते और मतभेद दोनों हो सकते हैं। इतिहासकारों को दोनों की जाँच करनी चाहिए और वजह बतानी चाहिए। वजहें भी एक से ज़्यादा हो सकती हैं। लेकिन औपनिवेशिक शिक्षाविदों ने भारतीय इतिहास को दो राष्ट्र के सिद्धांत के साथ जोड़ कर दिखाया। यह सिद्धांत राजनीतिक तौर पर बेहद प्रभावशाली था और आज भी कई विचारधाराओं पर इसका प्रभाव नज़र आता है।

अंग्रेज़ों द्वारा भारत की जनगणना के दौरान भी दो राष्ट्र का सिद्धांत जारी रहा और बहुसंख्यक समुदाय और अल्पसंख्यक समुदाय का नाम ईजाद हुआ। इससे औपनिवेशिक नीतियों को फ़ायदा हुआ, लिहाज़ा इसे आगे बढ़ाया गया। एक सदी बाद एच. सी. रायचौधुरी, आर. सी. मजुमदार और नीलकांत शास्त्री जैसे दिग्गज राष्ट्रवादी इतिहासकारों ने पूर्वीय/प्राच्य तानाशाही जैसे कुछ औपनिवेशिक सिद्धांतों पर सवाल उठाए लेकिन काल-विभाजन को ज़ोर ओ शोर के साथ स्वीकार कर लिया। इसमें थोड़ा सा बदलाव किया गया था और अब इसे प्राचीन (ancient), मध्यकालीन (medieval) और आधुनिक (modern) कहा जाने लगा, लेकिन उसके मापदंड वही रहे। मुझे याद है कि जब जेएनयू में इस कोर्स की शुरुआत करते हुए हम सिलेबस तैयार कर रहे थे, तब हमने चर्चा की थी कि हमें ये रखने चाहिए या नहीं; क्योंकि प्राचीन था पुराना हिंदू काल, मध्यकालीन था पुराना मुस्लिम काल और आधुनिक था पुराना ब्रिटिश काल। लेबल तो बदल दिए गए थे लेकिन विभाजन और उसकी वजह – शासक राजवंश के धर्म – पर सवाल किए गए थे। हम कोर्स बनाते हुए इन पर सवाल कर रहे थे।

दो राष्ट्र का सिद्धांत औपनिवेशिक शिक्षा के दौरान ईजाद हुआ था। दूसरा सिद्धांत और ज़्यादा मुश्किल है, लेकिन इसकी भी जड़ें औपनिवेशिक इतिहास

में ही हैं। इसे कहा जाता है, आर्य नस्ल का सिद्धांत। हमें यह बात ध्यान में रखनी चाहिए कि उस वक़्त तक यूरोप में 'नस्ल-विज्ञान' बहुत प्रभावशाली था। यूरोपियन भाषाशास्त्र को वैदिक संस्कृत और इंडो-यूरोपीय भाषाओं से उसके संबंधों में दिलचस्पी आने लगी। मैक्समूलर जैसे कई भाषाविद 'संस्कृतवादियों' ने यह बात प्रदर्शित की कि आर्यों द्वारा लिखे गए वैदिक मानव शरीर के सिद्धांत से ही भारतीय सभ्यता की नींव रखी गई थी। औपनिवेशिक शिक्षा और राष्ट्रवादी इतिहासकारों के लिए आर्यों का इतिहास और उनकी जन्मजात श्रेष्ठता एक अहम पहलू बन गए। इसे सबसे पहले थियोसोफ़िस्ट कर्नल ओलकॉट ने मशहूर किया। उन्होंने कहा कि आर्य ना सिर्फ़ भारत के देशज थे, बल्कि यह कि उनका पलायन पश्चिम में भी हुआ और आख़िरकार आर्यों ने पश्चिमी सभ्यता का गठन किया। यह इस बात को प्रदर्शित करने में बहुत महत्वपूर्ण साबित हुआ कि भारत का हमेशा से एक इतिहास रहा है और उसमें भी सबसे ज़रूरी थे प्राचीन हिंदू।

आर्यों के उद्गम के बारे में अलग-अलग सिद्धांत पेश किए गए थे। मैक्समूलर ने कहा कि वे मध्य एशिया से आए थे। दयानन्द सरस्वती ने कहा, तिब्बत से आए थे। तिलक ने, जैसा कि हम सभी जानते हैं, कहा था कि वे आर्कटिक क्षेत्र से आए थे। जब 1920 और 30 के दशकों में ये कहना 'फ़ैशनेबल' हो गया कि आर्य भारत के देशज हैं, ऐसे में तिलक का यह कहना कि वो आर्कटिक क्षेत्र से आए थे, थोड़ा शर्मनाक लगता था। तो किसी ने चमत्कारिक रूप से यह कह दिया कि उस वक़्त नॉर्थ पोल बिहार में स्थित था। विभिन्न इंडो-यूरोपियन भाषाओं – संस्कृत से लेकर सेल्टिक तक – के बारे में यह कह दिया गया कि वो एक ही भाषा परिवार से ताल्लुक़ रखती हैं। यह भी अनुमान लगा लिया गया कि एक भाषा बोलने वाले जैविक रूप से संबंधित थे।

कोई पूछ सकता है कि आर्यों को देशज नस्ल के रूप में प्रदर्शित करने की क्या ज़रूरत थी। यह उस सिद्धांत के लिए ज़रूरी था जिसके अनुसार आर्यों और ऊंची जाति के हिंदुओं (सवर्ण हिंदुओं) के बीच एक सीधी कड़ी है जो पीढ़ी दर पीढ़ी चली आती है और आज भी क़ायम है। इंग्लैंड के मैक्समूलर और भारत

के केशब चंद्र सेन ने ये तर्क दिया कि चूँकि अंग्रेज़ और सवर्ण हिंदू, दोनों ही आर्य थे, इसलिए सब परिजन संबंधी थे, लिहाज़ा वो बिछड़े भाई हैं जो अब साथ आ रहे हैं।

इस सिद्धांत में रुकावट 1920 के दशक में पैदा हुई जब इंडस वैली सिविलिज़ेशन यानी सिंधु घाटी सभ्यता की खोज हुई, जिसे आम तौर पर हड़प्पा संस्कृति भी कहा जाता है। ये आर्यों से पहले का था और वैदिक काल का नहीं था। लिहाज़ा, अब इसे ही भारतीय सभ्यता की नींव माना गया। इससे सामान्यतः उन लोगों को दिक़्क़त होने लगी जिनके लिए वैदिक आर्य नींव थे। यही वजह है कि आज कुछ पुरातत्वविद और 'संस्कृतवादी' वेदों की तारीख़ को हड़प्पन दौर से पीछे ले जाने की कोशिश कर रहे हैं। अख़बार की ख़बरों में बताया गया है कि इन तारीख़ों को कम से कम 7500 बीसी तक पीछे ले जाने की कोशिश की जा रही है। लेकिन एक और दिक़्क़त यह है कि हड़प्पा की बुनियाद का पता नहीं चल पाया है और उनकी भाषा को भी नहीं समझा जा सका है। अब यही सबसे आसान है कि यह कह दिया जाए कि हड़प्पा वासी भी आर्य ही थे। उपमहाद्वीप में बहुत सारी पुरातात्विक संस्कृतियाँ थीं, तो क्या सभी आर्य थे?

ये विचार और समस्याएँ राष्ट्रवाद के सवाल से कैसे जुड़ती हैं? 19वीं सदी के अंत तक, भारत में मध्यम वर्ग की स्थापना हो चुकी थी। औपनिवेशिक अर्थव्यवस्था अंग्रेज़ी पूँजीवाद से जुड़ चुकी थी और भारत का ज़्यादातर मध्यम वर्ग, जो मुख्यतः उच्च जाति से आता था, पेशेवर बन चुका था और औपनिवेशिक अर्थव्यवस्था और प्रशासन को संभालने का काम कर रहा था। राष्ट्रवाद का विचार इसी वर्ग से निकल कर आया। सबसे पहले, राष्ट्रवादियों ने सरकार में ऊंचे पद की माँग की, और धीरे-धीरे वो एक व्यापक आंदोलन में तब्दील हुआ है और इसी व्यापक आंदोलन ने आख़िरकार एक आज़ाद देश की माँग की, जो कि एक तार्किक नतीजा साबित हुआ। उपनिवेशवाद विरोधी राष्ट्रवाद ने राष्ट्र के विचार को अनुलेखित किया और इसे एक धर्मनिरपेक्ष और समतावादी लोकतंत्र के रूप में परिभाषित किया। उपनिवेशवाद-विरोधी राष्ट्रवाद ने इस बात पर ज़ोर

दिया कि हर नागरिक की पहली पहचान भारतीय होना है, इससे पहले चाहे उसने किसी भी पहचान की बात की हो। भारतीय होने का मतलब एक व्यापक और सम्मिलित पहचान का होना था जिसमें हर धर्म, जाति और भाषा के लोगों को समान रूप से समान अधिकार के साथ शामिल किया गया था। धर्मनिरपेक्ष, उपनिवेशवाद विरोधी भारतीय राष्ट्रवाद का यही केंद्रीय अंग था। ज़ाहिरा तौर पर यह एक नई पहचान थी, और इसे ऐसे ही पेश भी किया गया था।

लेकिन जो इतिहास, औपनिवेशिक शिक्षाविदों ने लिखा और ब्रिटिश राज में पढ़ाया गया, उससे अपरिहार्य रूप से उस चीज़ की दो क़िस्में निकल कर आईं जिसे कुछ लोग धार्मिक राष्ट्रवाद कहते हैं, और कुछ संप्रदायवाद कहना पसंद करते हैं – हिंदू राष्ट्रवाद और मुस्लिम राष्ट्रवाद – कुछ लोग उसे फ़र्ज़ी-राष्ट्रवाद भी कह सकते हैं। दोनों ने ही पुराने, अंग्रेज़ों के दो राष्ट्र के सिद्धांत को अपनाया। एक का मक़सद था एक अलग इस्लामिक राष्ट्र बनाना, जिसके तहत पाकिस्तान बना; दूसरे का मक़सद था उपमहाद्वीप को हिंदू शासन के अंतर्गत लाना, जो कि अखंड हिंदू राष्ट्र का सपना है। उपनिवेश-विरोधी धर्मनिरपेक्ष राष्ट्रवाद – जो सबको समान मानकर अपने अंदर जगह देता था – के विपरीत इन विचारधाराओं के लिए अपने धर्म की ही अहमियत थी, और उसी हद तक वे असमावेशी थीं। ये उपनिवेश-विरोधी भी नहीं थे – कुछ ने तो अंग्रेज़ों को अपना संरक्षक भी माना था। लेकिन एक दूसरे के प्रति दोनों में नफ़रत थी।

इनके विचारों से दो संगठन बने जिन्होंने इन विचारों को फैलाने का काम किया – मुस्लिम लीग और हिंदू महासभा। हिंदू महासभा की जगह धीरे-धीरे आरएसएस ने ले ली और बाद में ऐसे संगठनों का एक समूह बन गया जिसे संघ परिवार कहा जाने लगा। हिंदुत्व की विचारधारा इससे जुड़ी हुई है। आरएसएस 1930 के दशक में एक अनुशासित संगठन के रूप में तैयार हुआ। इसका अनुशासन इटालियन फ़ासीवाद से प्रभावित दिखता है, और यह उसी का एक नमूना लगता है।

बाक़ी हर तरह के राष्ट्रवाद की तरह, हिंदू धार्मिक राष्ट्रवाद भी इतिहास की

ओर मुड़ा। लेकिन दिलचस्प बात यह है कि इसने दोनों औपनिवेशिक सिद्धांतों को अपना लिया – आर्यों द्वारा भारतीय सभ्यता का गठन और दो राष्ट्र का सिद्धांत। इसको अब यह भारत के देशज इतिहास के रूप में प्रदर्शित करते हैं। विडंबना यह है कि यह दावा करते हैं कि यह इतिहास पश्चिमी विचारों से प्रभावित भारतीय इतिहासकारों से अलग है, शुद्ध है! जबकि उनके अपने विचारों की जड़ें औपनिवेशिक सिद्धांतों में होने की बात को सावधानीपूर्वक नकार दिया जाता है।

इस विचारधारा का मूल है, हिंदू पहचान। हिंदू ही इकलौते हैं जो ब्रिटिश भारत के इलाक़े को पितृभूमि, अपने पूर्वजों की भूमि; और पुण्यभूमि, अपने धर्म की भूमि बता सकता है। मुसलमानों और ईसाईयों को बाहरी बताया जाता है क्योंकि वो ब्रिटिश भारत के इलाक़े के बाहर से आए थे और उनका धर्म अलग जगहों पर ईजाद हुआ था। हिंदू का धर्म और उसके पूर्वज भारत के देशज थे, इसलिए वो प्रथम नागरिक हैं। प्राचीन सभ्यता के असल दावेदार हिंदू ही हो सकते हैं, जो आर्यों के वंशज हैं। इसीलिए आर्यों को भारत का देशज साबित करना ज़रूरी हो जाता है, भले ही वो हों या ना हों। देशज होने के नाते वो भूमि के उत्तराधिकारी हैं। हालाँकि, इस तर्क में ख़ामियाँ हैं। हममें से जिसने इन ख़ामियों को उजागर किया, उन्हें रोज़ इंटरनेट पर गालियां मिलती हैं और हमें जेएनयू का अनपढ़ प्रोफ़ेसर कहा जाता है, जबकि ज़्यादातर जेएनयू के हैं ही नहीं।

आज के दौर में आर्यों का इतिहास, जिस पर हिंदुत्व टिका हुआ है, और भी जटिल हो गया है क्योंकि इसमें कई अनुशासन शामिल हो गए हैं। इस विषय पर जानकारी इन स्रोतों से आती है : वैदिक संस्कृत के पाठों का विशेष अध्ययन, जो क्लासिकल संस्कृत से अलग है और जिसे समझने के लिए भाषा विज्ञान की अच्छी-ख़ासी मदद चाहिए होती है; उपमहाद्वीप के उत्तर-पश्चिमी इलाक़े में अलग-अलग संस्कृतियों के अनेक ठिकानों का और निकटवर्ती इलाक़ों से उनके संपर्क का पुरातात्विक अध्ययन; भूरचना को बदल देने वाली नदियों की जानकारी के लिए जल-विज्ञान का अध्ययन; और सबसे महत्वपूर्ण जेनेटिक्स, उन हज़ार वर्षों की आबादी का पता लगाने के लिए। कुछ लोग आर्यों की खोज

करने के लिए डीएनए सैंपल की जाँच कर रहे हैं। इन सिद्धांतों को मानने वालों को यह समझा पाना मुश्किल है कि आर्य कोई जैविक पहचान नहीं थी, बल्कि भाषाई पहचान थी। भाषा और जीव विज्ञान में गड़बड़ी करने के अपने ही नुक़सान हैं।

कुछ और इतिहासकारों के सवाल इस सनक से आगे बढ़ गए हैं कि आर्य देशज थे या विदेशी। संस्कृति अकेले में नहीं पनपती, इसलिए हमें जानना होगा कि उस वक़्त और कौन सी संस्कृतियाँ मौजूद थीं, जिन्होंने भारतीय इतिहास की सांस्कृतिक शुरुआत में योगदान दिया और ये सांस्कृतिक मिश्रण आगे कैसे बढ़ा।

हम फिर से दो राष्ट्र के सिद्धांत पर आ जाते हैं और मध्यकालीन इतिहास की बात करते हैं। इस सिद्धांत पर आधुनिक इतिहासकारों ने कई तरीक़ों से सवालिया निशान लगाए हैं। कईयों ने यह तर्क दिया है कि धर्म के इतिहास में कई धार्मिक संप्रदाय और सामाजिक समुदाय शामिल होते हैं और उनमें आपस में अलग-अलग रिश्ते होते हैं। उनमें कहीं तक़रार होती है, कहीं आपसदारी होती है और कहीं दोनों का अपने तरह का घालमेल होता है। जैसा कि मैंने पहले भी कहा है, धर्म के इतिहास को इन संप्रदायों के इतिहास के रूप में देखा जाना चाहिए, न कि एकाश्म धर्मों के टकराव के इतिहास के रूप में।

आम तौर पर यह कहा जाता है कि पिछले एक हज़ार सालों में मुसलमानों ने हिंदुओं का दमन किया है, उन्हें बंदी बना कर रखा है और अब वे आज़ाद हुए हैं। लेकिन इतिहास यह नहीं कहता है। पिछले एक हज़ार सालों में, अगर हम उपमहाद्वीप में हिंदुओं की जाँच करें, तो कुछ बड़े दिलचस्प विचार, घटनाएँ और हस्तियाँ सामने आती हैं। उपमहाद्वीप में संस्कृत सीखने की इच्छा लोगों में ज़िंदा थी क्योंकि पहली सदी के अंत तक संस्कृत फैल चुकी थी, लिहाज़ा संस्कृत सीखना बंद नहीं हुआ था। ये महाराजाओं, सुल्तानों, मुग़लों और बड़े ज़मींदारों के संरक्षण में थी। संस्कृत और फ़ारसी का संरक्षण इस वर्ग में सांस्कृतिक और सभ्य होने की निशानी था।

सीखने के केंद्रों का संबंध हिंदुओं और अन्य संप्रदायों से था। शुरुआती संस्कृत पाठों – वेद, रामायण, महाभारत और धर्मशास्त्रों – की टीकाएँ और

भाष्य मौजूद थे जो उस समय के अहम मसलों और अपने मिश्रित समाज तथा उससे पैदा होने वाले हालात को लेकर विचार-विमर्श करते थे। उदाहरण के लिए, क्या मंदिर में रोज़मर्रा के अनुष्ठान कराने वाले पुरोहित और श्रोत्रिय ब्राह्मण की हैसियत में कोई फ़र्क़ है? ज़्यादातर मामलों में मंदिर पैसे और भूमि से सम्पन्न थे और उसके कामकाज में शामिल लोग बाक़ी कामों में भी पैसा लगाते थे। इसका हासिल यह हुआ कि बाक़ी काम भी ब्राह्मण करने लगे, बजाय उनके जो पारंपरिक रूप से उससे जुड़े थे। पूजा-पाठ करने में भी नए रीति-रिवाज शामिल हो गए थे जो नए संप्रदायों से असम्बद्ध नहीं थे। पूजा करने के तरीक़ों और उन तरीक़ों को अनुमति देने वालों पर अहम सवाल उठने शुरू हो गए, क्योंकि अलग-अलग संप्रदाय के लोग इसमें शामिल होते थे।

विदुषी सयाना ने *ऋगवेद* पर एक शानदार समीक्षा लिखी है जो इस चीज़ के बारे में दिलचस्प अंतर्दृष्टि पेश करती है कि मध्यकालीन मानस कैसा था, कि 14वीं सदी का दिमाग़ 3 हज़ार साल पहले के *ऋगवेद* को कैसे देखता है, और उसका किस तरह भाष्य करता है। दार्शनिक संप्रदायों की चर्चा करने वाले ग्रंथों में से मध्वाचार्य का *सर्वदर्शनसंग्रह* बहुत महत्त्वपूर्ण है, जिसका पहला भारी-भरकम अध्याय भौतिकवादी चार्वाक दर्शन पर है। लेखक ने बताया है कि हालाँकि वो इससे सहमत नहीं है, चूँकि विद्वतजन इसके बारे में बात करते हैं, इसलिए इसे दार्शनिक संप्रदायों के संग्रह में स्थान देना उसे ज़रूरी लगा। ज्ञान के इस दृष्टिकोण और विचार-विमर्श के इस तरीक़े का हमारे दौर में भी पालन किया जाना चाहिए।

गणित और ज्योतिष पर कई किताबें लिखी गई थीं, और अरबी तहरीरों में भारतीय ज्योतिषियों और गणितज्ञों की बात की गई थी, उन्हें सराहा गया और उनका ज़िक्र किया गया था। इनमें से ज़्यादातर हिंदू थे। क्या दोनों तरफ़ के गणितज्ञों को संस्कृत और अरबी दोनों आती थी? नहीं तो वो ऐसे चर्चाएं कैसे करते होंगे? उस परंपरा को क्या हुआ? उसके बारे में बात क्यों नहीं होती, हमें स्कूल में क्यों नहीं पढ़ाया जाता?

क्षेत्रीय भाषाओं में उच्च श्रेणी की काव्य रचना भी की गई थी, जैसे तुलसी रामायण और बंगाली रामायण। इसके अलावा अनगिनत मशहूर भजन और दोहे, जिसे हर धर्म के लोग गाते थे जिन्हें वो भाषा आती थी। कृष्ण की तारीफ़ में लिखे रसख़ान के दोहे आज भी गाए जाते हैं। इसी दौर में ध्रुपद के रूप में हिंदुस्तानी शास्त्रीय संगीत की शुरुआत मुस्लिम राजाओं के दरबार में हुई थी।

हिंदू धर्म को आज हम जिस रूप में पहचानते हैं, उसने इन हज़ार सालों के विकास से काफ़ी कुछ ग्रहण किया है। उत्तर भारत के इलाक़ों में भक्ति संप्रदाय आम होते जा रहे थे, और भक्ति परंपरा और पूजा-पाठ बेहद ज़रूरी हो गया था जैसा कि हम आज हिंदू धर्म में देखते हैं। शक्ति की पूजा का विस्तार हुआ और बंगाल से सिंध के हिंगलाज तक नाथपंथी जैसे मशहूर संप्रदाय शुरू होने वाले थे। इसी को मैं अक्सर गुरु-पीर धर्म कहती हूँ। क्योंकि यह बहुसंख्यक लोगों का धर्म है जिन्होंने इसे माना और अब भी मानते हैं – गुरु और पीर, संत और बाबा का ज्ञान। यही वो धर्म है जिस पर हमें ध्यान देना चाहिए।

ये उन लोगों द्वारा अपनाए गए सांस्कृतिक रूप नहीं हैं जो ग़ुलाम और उत्पीड़ित थे। ये अमीर और सभ्य समाज की चीज़ें हैं। हमें इन तथ्यों को ऐतिहासिक संदर्भ में रखना चाहिए और उसी ऐतिहासिक संदर्भ के हिस्से के रूप में उसे देखना चाहिए और हिंदू-मुस्लिम दुश्मनी के सबूत ढूँढने बंद कर देने चाहिए। यह वो दृष्टिकोण है जो कई मामलों में ग़लत तो होता ही है, मध्यकालीन इतिहास को समझने में कोई मदद भी नहीं करता। हमारे पास और भी विषय बात करने को हैं। पिछले हज़ार सालों में भी अपने समय की लाक्षणिक विशेषताओं के आधार पर धार्मिक और सांस्कृतिक रूप बन रहे थे। उससे पीछे के हज़ार सालों की तरह यह वो वक़्त था जहाँ मतभेदों के लिए जगह थी, भिन्नताएँ या तो एक साथ रह सकती थीं या मिश्रित हो सकती थीं, या अलग रूप ले सकती थीं, या एक दूसरे से लड़ सकती थीं। यानी संप्रदायों के पास काफ़ी विकल्प मौजूद थे। हमें इन विकल्पों की जाँच करनी चाहिए और इन्हें समझने की कोशिश करनी चाहिए।

एक बार फिर से हमें विभिन्न संस्कृतियों के संबंधों को देखना होगा और

उनके म्यूटेशन का पता लगाना होगा। हमें उनकी जगह के बारे में संवेदनशील होना होगा, और उनसे निकली पहचानों को ध्यान में रखना होगा। हमें धर्म की पढ़ाई को सिर्फ़ लिखित दस्तावेज़ तक सीमित नहीं करना चाहिए, बल्कि मौखिक सबूतों पर भी ध्यान देना चाहिए क्योंकि हमें यह याद रखना होगा कि ज़्यादातर भारतीय पढ़-लिख नहीं सकते थे, इसलिए मौखिक परंपरा ही उनके विश्वास और उनके सामाजिक लक्ष्य का सूत्र थी। एक इतिहासकार के लिए पूर्व-आधुनिक भारत में धर्मों की पढ़ाई करना एक चुनौती भरा काम है, क्योंकि ये सिर्फ़ दो अखंड धर्मों की लड़ाई का मसला नहीं है, जैसा कि हमें विश्वास दिलाया गया है। बल्कि धर्मों को विभिन्न धार्मिक संप्रदायों के व्यूह की तरह देखना ज़्यादा ठीक लगता है, जिसमें कट्टरपंथी से लेकर शास्त्रविरोधी तक, सब शामिल हैं। संप्रदायों का आपस में अपना ही रिश्ता होता है – कुछ दोस्त होते हैं, कुछ नहीं होते। धार्मिक संप्रदाय जाति से भी जुड़े थे, और यह भारत के हर धर्म के साथ होता ही है। मैं आपको कुछ उदाहरण देती हूँ।

पिछले 1,200 साल में अरबी व्यापारी भारत में भारी संख्या में आए और पश्चिमी तट पर बस गए, और नए धार्मिक संप्रदाय बनाए, जो कि हिंदू और मुस्लिम विचार और प्रथाओं का मिला-जुला रूप थे। उनमें से कुछ में एक जैसे इस्लामिक तत्व थे, कुछ की एक जैसी हिंदू भोजन रुचि थी; लेकिन इसके बावजूद हर एक ने अपनी अलग पहचान बना कर रखी। उन्होंने ख़ुद को एक दूसरे से अलग इसलिए भी रखा क्योंकि उन्होंने क्षेत्रीय जातियों में शादी कर ली थी, और क्षेत्रीय रिवाज अपना लिए थे। लिहाज़ा, एक गुजराती बोहरा किसी मलयाली मप्पीला से शादी नहीं करता, और इसके बावजूद दोनों की बुनियाद में कुछ समानता होती, लेकिन अलग-अलग भौगोलिक क्षेत्रों में रहने के कारण वे भिन्न-भिन्न विश्वासों और रिवाजों के बीच पले-बढ़े होते हैं।

एक और चौंकाने वाला लक्षण यह है कि धार्मिक किताबों और तहरीरों में शामिल भारत के सभी धर्मों ने दलितों के साथ भेदभाव किया है, उन दलितों के साथ भी जो उनके अपने धर्म के थे। भारत के बाहर मुसलमानों और ईसाईयों

ने यह बँटवारा नहीं किया, लेकिन भारत में किया है। पूर्व-आधुनिक भारत का कोई ऐसा धर्म नहीं है, जिसका संबंध जाति से ना हो। हाशिए पर रहने वाले आदिवासी, दलित और नीची जाति के लोग जब किसी भी धर्म में शामिल नहीं किए गए थे तो उनके पूजा करने के अपने तरीक़े होते थे, जिनके बारे में धर्म के आधुनिक इतिहास में शायद ही कभी बात की गई है।

प्राचीन काल के सूत्रों में कभी-कभी धर्म के अखंड रूप की बात आती है। अशोक से लेकर अल-बरूनी तक, 1500 साल तक धर्म के संदर्भ में दो धाराओं का ज़िक्र है – ब्राह्मणवाद और श्रमणवाद। अशोक ने 'बहमनम-समनम' का हवाला दिया है। भारत में आने वाले ग्रीक मेगस्थनीज़ ने Brachmanes और Sarmanes के बारे में लिखा है, अल-बरूनी ने brahmanas और samaniyas का ज़िक्र किया है। ब्राह्मण भगवान में विश्वास करते थे, वेदों की पवित्र शक्ति में विश्वास करते थे और यह मानते थे कि आत्मा अमर है। श्रमण, जैसे कि बौद्ध, जैन, और आजीवक इत्यादि ने इस सब को ख़ारिज कर दिया था, इसीलिए ब्राह्मण इन्हें नास्तिक कहते थे।

इन दोनों धर्मों के कई संप्रदाय थे जिनके अपने-अपने विश्वास और पूजा-पाठ के तरीक़े थे। इनमें से कुछ दूसरों के प्रति उदार थे और कुछ झगड़ालू थे। मिसाल के लिए, बौद्ध और जैन के प्रति शैव संप्रदाय के शत्रुतापूर्ण रवैये के हवाले मिलते हैं। लेकिन दिलचस्प तरीक़े से, आरंभिक सदियों के महान संस्कृत वैयाकरण पतंजलि भी दो धर्मों – ब्राह्मण धर्म और श्रमण धर्म – की बात करते हैं और यह जोड़ते हैं कि दोनों धर्मों का रिश्ता साँप और नेवले का है। मुझे लगता है कि यह काफ़ी सारगर्भित वक्तव्य था।

मैं जो कहना चाह रही हूँ वो यह है कि इतिहास को पढ़ने और उसकी समझ बनाने के लिए सूत्रों की कुशल समझ चाहिए और जो लिखा गया है उसके बारे में एक संवेदनशीलता चाहिए। आज की राजनीतिक ज़रूरतों को इतिहास पर थोपा नहीं जा सकता। यह कह देना कि पिछले हज़ार साल का दौर मुस्लिमों द्वारा हिंदुओं के दमन का दौर था, ये ऐतिहासिक रूप से क़तई सही नहीं है। इस

तरह के सामान्यीकरण (generalization) से सांप्रदायिक राजनीति फैलती है। इसीलिए मैं इसके ख़िलाफ़ आप सबको सावधान कर रही हूँ।

आज़ादी के वक़्त और उसके कुछ समय बाद तक, हमें राष्ट्रवाद को परिभाषित करने में कोई दिक़्क़त नहीं होती थी, और ये परिभाषा सबने स्वीकार भी की थी। राष्ट्रवाद का मतलब था भारत में रहने वाले हर नागरिक को भारत का समान नागरिक मानना और उस समानता के आधार पर हर भारतीय को अधिकार देना। आज, उन कोशिशों को धुँधला किया जा रहा है। राष्ट्रवाद भरोसेमंद इतिहास से निकलता है, उस विकृत इतिहास से नहीं जिससे सांप्रदायिक विचारधाराएँ पैदा होती हैं। भरोसेमंद इतिहास आलोचनात्मक जाँच-परख की माँग करता है, जो कि ज्ञान के विस्तार के लिए ज़रूरी है। एक विश्वविद्यालय से यह अपेक्षा की जाती है कि वो अच्छे से जाँच करे कि सार्वजनिक रूप से क्या दावे किए जा सकते हैं। राष्ट्रवाद नागरिक को एक पहचान देता है। नागरिक सर्वश्रेष्ठ है लेकिन कोई भी नागरिक या नागरिकों का समूह ख़ुद को दूसरों से किसी भी तौर पर उच्च साबित नहीं कर सकता। नागरिकता का गठन समानता और समानता के अधिकार के आधार पर हुआ है। हम भारतीयों को संविधान ने इस देश को एक धर्मनिरपेक्ष लोकतंत्र बनाने के लिए प्रेरणा दी है। हम एक भारतीय के तौर पर इसके लिए प्रतिबद्ध हैं, और तब भी थे जब हमें आज़ादी मिली थी। और यह प्रतिबद्धता राष्ट्रवाद की निशानी के तौर पर जारी रहनी चाहिए।

यह व्याख्यान जेएनयू के राष्ट्रवाद संबंधी व्याख्यानों के हिस्से के रूप में 6 मार्च 2016 को दिया गया था। हार्पर कॉलिंस से प्रकाशित पुस्तक What the Nation Really Wants to Know, The JNU Nationalism Lectures (2016) में संकलित है जिसका संपादन जेएनयू शिक्षक संघ की ओर से रोहित आज़ाद, जानकी नायर, मोहिंदर सिंह और मल्लारिका सिन्हा रॉय ने किया है।

2.

बेचना देश को, हिंदुत्व स्टाइल में

प्रभात पटनायक

हिंदुत्व का असर अर्थव्यवस्था पर क्या है – और उस संघीय व्यवस्था पर जो हमारे संविधान में उल्लिखित है? 'राष्ट्रवाद', 'विकास' व 'सबका विकास' के इस सारे होहल्ले में आख़िर हक़ीक़त क्या है? प्रभात पटनायक हिंदू दक्षिणपंथियों के एजेंडे के विभिन्न पहलुओं की पड़ताल कर रहे हैं जिनसे कुछ बड़े चौंकाने वाले निष्कर्ष सामने आते हैं – न केवल इस बारे में कि यह एजेंडा हमारी अर्थव्यवस्था के साथ क्या कर रहा है, बल्कि हमारे संविधान द्वारा उपलब्ध कराए गए ढाँचे के साथ भी क्या खेल कर रहा है। तीन अलग-अलग आलेखों में पटनायक उन तरीक़ों के बारे में बात कर रहे हैं जिनसे एक ऐसी सरकार द्वारा अर्थव्यवस्था को बदला जा रहा है जो संविधान में शामिल संघीय ढाँचे का पालन नहीं करती। वह समूचे-भारत के राष्ट्रवाद बनाम 'उप-राष्ट्रीय' राष्ट्रवाद के मुद्दे की पड़ताल करते हैं, और फिर उस जीएसटी की बात करते हैं जो एकत्व प्रक्रिया का सर्वश्रेष्ठ उदाहरण है। वह यह अंदेशा भी ज़ाहिर करते हैं कि हिंदू दक्षिणपंथ का कॉर्पोरेट-समर्थ एजेंडा आर्थिक संकट को दूर करने की नाकाम कोशिश में विस्तृत होता चला जा रहा है, इसलिए श्रमिकों व अल्पसंख्यकों पर उसके हमले भी लगातार बढ़ेंगे। पटनायक इस बात की ओर इंगित करते हैं कि 'एक देश-एक भाषा' का सिद्धांत हमारी संघीय राजनीति के लिए उतना ही ख़तरनाक है जितना कि 'एक देश-एक टैक्स' का सिद्धांत, जिसके नाम पर जीएसटी को बेचा गया था। दोनों ही ज़्यादा

केंद्रीकरण के हिमायती हैं। क्या ज़बर्दस्त विडंबना है कि मोदी सरकार इतने जोर-शोर से अपने 'राष्ट्रवाद' का बखान करती है लेकिन वह देश के खनिज संसाधनों का नियंत्रण विदेशी हाथों में बेच देने के लिए उतनी ही तत्पर है।

कॉर्पोरेट-हिंदुत्व गठजोड़ किस तरह से भारत के संघीय स्वरूप पर हमला बोल रहा है

उपनिवेश-विरोधी संघर्ष के दौरान एक समग्र-भारतीय राष्ट्रीय चेतना का उभार हुआ जो भाषायी क्षेत्रों के आधार पर पहले से मौजूद 'राष्ट्रीयता' चेतना के ऊपर चस्पा कर दी गई। दूसरे शब्दों में कहा जाए तो एक बंगाली या गुजराती या तमिल या उड़िया चेतना पर एक समग्र-भारतीय राष्ट्रीय चेतना थोप दी गई; लेकिन उपनिवेश-विरोधी संघर्ष के दौरान दोनों तरह की चेतनाओं का अच्छी तरह से विकास हुआ।

आज हर भारतीय में दोहरी राष्ट्रीय चेतनाएं समाहित हैं। दोनों ही तरह की चेतनाओं को पोषित किया जाना चाहिए; दोनों के बीच एक नाज़ुक संतुलन बनाए रखा जाना चाहिए। दोनों में से किसी भी एक चेतना पर ज़ोर देकर दूसरी को बाहर करने की कोशिश से देश के बिखरने का ख़तरा हो सकता है।

हमारी राजनीति का संघीय ढाँचा इसी दोहरी चेतना की अभिव्यक्ति है। दरअसल, भाषायी-क्षेत्रीय चेतनाओं के नीचे भी चेतनाओं के कई अन्य स्तर हैं, और उन सबकी अभिव्यक्ति के लिए भी राजनीति ने अलग-अलग तरीक़े बना रखे हैं। जैसे कि 'स्वायत्त परिषदें' हैं – अब वे वाजिब या पर्याप्त हैं या नहीं, अलग बात है, लेकिन भारतीय संघवाद पारस्परिक सह-अस्तित्व की गुंजाइश रखता है, उस केंद्रीकरण की नहीं जिसकी प्रवृत्ति आज देखी जा रही है।

इसकी उत्पत्ति हमारे उपनिवेश-विरोधी राष्ट्रवाद की प्रकृति से ही हुई है।

किसी भी अन्य क़िस्म का राष्ट्रवाद, जैसे कि धार्मिक राष्ट्रवाद, इस तरह के समायोजन का आधार उपलब्ध नहीं कराता। यही वजह है कि जब राजनीति को हिंदुत्व विचारधारा की धारणाओं के आधार पर पुनर्संरचित किया जा रहा है तो उसकी परिणति अपरिहार्य रूप से राष्ट्र के बिखरने में होगी। इस बिंदु को उस उत्पीड़न के संदर्भ में तुरंत पहचाना जा सकता है जो हिंदुत्व ने धार्मिक अल्पसंख्यकों के ख़िलाफ़ छेड़ रखा है। लेकिन हिंदुत्व ने जिस सांप्रदायिक दरार को भड़का रखा है, उससे भी कहीं परे क्षेत्रीय बग़ावतों को लेकर यह सामान्य मान्यता है कि किसी भी केंद्रीकरण से वे और भड़केंगी।

हिंदुत्व 'राष्ट्रवाद' यह मानकर चलता है कि (हिंदू) 'राष्ट्र' पहले से था, लिहाज़ा केंद्र व राज्यों के बीच किसी समायोजन की ज़रूरत ही नहीं है; और, इस तरह के किसी भी समायोजन की कोई भी माँग सिर्फ़ कुछ 'भ्रष्ट क्षेत्रीय कुलीनों' की तरफ़ से ही आ सकती है जो महज़ अपनी जेबें भरना चाहते हैं; और, समायोजन की किसी भी माँग को कुचल डालने की क़वायद दरअसल 'राष्ट्रहित' में ही है। लिहाज़ा यह अनिवार्य रूप से केंद्रीकरण ही है और ऐसा हर केंद्रीकरण देश को या तो अंततः विभाजन की तरफ़ ले जाता है या फिर इस तरह के विभाजन को रोकने के लिए एक तानाशाही की तरफ़।

इस तरह का अधिनायकवाद ख़ुद को ही जायज़ ठहराने वाली प्रक्रिया बन गया है : 'क़ानून व व्यवस्था की हालत देखिए, 'आतंकवादियों' द्वारा की गई हिंसक घटनाओं की संख्या देखिए; इन स्थितियों में नागरिक आज़ादी का निलंबन और कठोर नियम लागू करना जायज़ बनता है' (ये सब उस तरह की आधिकारिक दलीलें हैं जो जम्मू-कश्मीर के मामले में सामने रखी गई हैं और जिनसे कथित तौर पर भारत का सुप्रीम कोर्ट भी प्रभावित हुआ है)।

इस तरह के केंद्रीकरण के विनाशकारी नतीजे जम्मू-कश्मीर के मामले में साफ़ देखे जा सकते हैं। संविधान के अनुच्छेद 370 और 35ए एक समायोजक राष्ट्रवाद की ही अभिव्यक्ति थे, जिसमें एक राज्य के भारत में विलय की अपवादपूर्ण परिस्थितियों को ध्यान में रखा गया था – एक हिंदू शासक द्वारा

शासित मुस्लिम-बहुल राज्य का पाकिस्तान में शामिल होने के बजाय इन तीन विशेष प्रावधानों के आधार पर भारत में विलय करने का फ़ैसला। इन अनुच्छेदों को अचानक और एकतरफ़ा तरीक़े से ख़त्म कर देना, इसी वादे के उल्लंघन को स्पष्ट करता है। अब बाक़ी भारत में हिंदुत्व के पक्षधर कितनी ही मज़बूती से इसका गुणगान क्यों न करें, वास्तव में यह समूचे भारत राष्ट्र की बुनियाद के ख़िलाफ़ एक गहरा आघात है।

दरअसल, धर्म कभी भी राष्ट्रवाद का आधार नहीं हो सकता, क्योंकि वह किसी राष्ट्र के अस्तित्व को चिरकाल से मानता चला आता है, और इस वजह से वह उस किसी भी समायोजन को नामुमकिन बनाता है जो वास्तव में औपनिवेशिक शासनकाल के लंबे दौर के बाद एक आधुनिक राष्ट्र के उदय के लिए ज़रूरी होना चाहिए। यह बात पाकिस्तान के बँटवारे से साफ़ तरीक़े से ज़ाहिर होती है जहाँ पर उसके पूर्वी हिस्से के अलग होने की प्रक्रिया एक भाषायी आंदोलन के साथ शुरू हो गई थी। हिंदुत्व राष्ट्रवाद देश को उसी दिशा की तरफ़ धकेल रहा है, और जो लोग आज कश्मीरियों के अपमान पर जश्न मना रहे हैं, वे ही एक दिन सरकार के फ़ैसले पर अफ़सोस ज़ाहिर करेंगे।

दरअसल, नरेंद्र मोदी सरकार जम्मू-कश्मीर पर थोपे गए विनाश से ही संतुष्ट नहीं है और अब वह देशभर में हिंदी थोपने की कोशिश में है। यह विभिन्न क्षेत्रीय-भाषायी राष्ट्रीयताओं की महत्वाकांक्षाओं को कुचलने वाला एक और भयानक उपाय है। यह देश को एक करने के नाम पर देश को बाँटने वाला एक और क़दम है; और बाँटने वाली यह प्रवृत्ति ही अपरिहार्य रूप से, ख़ुद इस प्रवृत्ति का मुक़ाबला करने के नाम, मानवाधिकारों और नागरिक आज़ादी पर और भी पाबंदियाँ लगाने की राह हमवार करेगी।

क्षेत्रीय-भाषायी राष्ट्रीयताओं की महत्वाकांक्षाओं को दबाने की प्रवृत्ति, जो हमारी संघीय व्यवस्था में बढ़ते केंद्रीकरण का रूप ले लेती है, केवल हिंदुत्व से ही नहीं उपजती है। अपने आर्थिक स्वरूप में वह कॉर्पोरेट-वित्तीय कुलीनतंत्र की माँगों को भी पूरा करती है। राज्यों की अपनी इच्छा के अनुसार वस्तुओं पर कर

लगाने के अधिकार को छीनकर जीएसटी काउंसिल के हाथों में दे देने वाले वस्तु व सेवा कर (जीएसटी) को लागू करना भी केंद्रीकरण का एक ऐसा ही चौंका देने वाला क़दम था, जिसमें अब हर राज्य को दरों में किसी भी समायोजन के लिए याचक के तौर पर काउंसिल के पास आना है। उस समय तमाम ग़लत उम्मीदों के प्रभाव में राज्यों ने इस तरह के केंद्रीकरण को स्वीकार कर लिया, पर अब वे अपनी ग़लती का एहसास कर रहे हैं। 'एक देश-एक भाषा' का सिद्धांत हमारी संघीय राजनीति के लिए उतना ही ख़तरनाक है जितना कि 'एक देश-एक टैक्स' का सिद्धांत, जिसके नाम पर जीएसटी को शुरू से पेश किया गया था।

अब यह नज़रिया आम तौर पर आगे बढ़ा दिया जाता है कि जो भी मुश्किलें खड़ी हो रही हैं, उनकी वजह जीएसटी नहीं है बल्कि उसे जल्दबाज़ी में लागू किए जाने की क़वायद है। लेकिन यह बात क़तई सच नहीं है। जीएसटी से अर्थव्यवस्था के सामने जो दिक़्क़तें खड़ी हो रही हैं, वे ख़ालिस तौर पर जीएसटी की वजह से ही हैं। वजह साफ़ है – हमारी जैसी अर्थव्यवस्था में, जहाँ बड़े-स्तर के क्षेत्र अक्सर छोटे-स्तर के और मामूली उत्पादन क्षेत्र से आगतों (आए हुए उत्पादों) की ख़रीद करते हैं (ताकि वे बेहद छोटे उत्पादन क्षेत्रों के कम वेतन का फ़ायदा उठा सकें), बड़े क्षेत्रों को टैक्स रिफंड हासिल करने के लिए यह सुनिश्चित करना ज़रूरी है कि आगत उपलब्ध कराने वाले छोटे क्षेत्रों के आपूर्तिकर्ता अपने जीएसटी रिटर्न ज़रूर दाख़िल करें।

इसके दो निहितार्थ हैं – पहला, छोटे क्षेत्र के उपक्रमों को पहले की तुलना में अब ज़्यादा लागत वहन करनी पड़ रही है। दरअसल, 'अभाज्यताओं' के कारण जीएसटी प्रक्रिया के अनुपालन की प्रति इकाई उत्पादन की लागत बड़े क्षेत्रों की तुलना में छोटे क्षेत्रों के लिए कहीं ज़्यादा है। दूसरी बात, जिन कई छोटी इकाइयों को पहले कर नहीं देना पड़ता था, वे भी अब कर जाल में घसीट ली गई हैं। और, यह तथ्य ध्यान में रखा जाना चाहिए कि चूँकि जीएसटी दरों को इस तरह से तय किया जाना था कि उन्हें यथासंभव 'राजस्व-तटस्थ' बनाया जा सके, इसलिए उसका नतीजा हुआ यह कि बड़े क्षेत्रों को अपेक्षाकृत कम कर अदा करना पड़

रहा है। फिर, चूँकि अलग-अलग वस्तुओं के लिए दरों को समूचे देश में एक समान किया जाना था, इसलिए उन कई छोटी इकाइयों को भारी कर अदा करना पड़ रहा था जो पहले कोई कर नहीं देती थीं।

कर के बोझ के इस पुनर्वितरण का असर यह हुआ कि छोटी इकाइयाँ घाटा उठाने को मजबूर हो गईं। इसके परिणामस्वरूप वैश्विक सुस्ती के जो मंदी वाले प्रभाव भारतीय अर्थव्यवस्था पर पड़ रहे थे, उनमें इज़ाफ़ा हो गया। वैसे यह सुस्ती अपने आप में नव-उदारवाद की विसंगतियों से उपजी हुई है। बहरहाल, मंदी की प्रवृत्तियों की अगली परिणति जीएसटी से कर राजस्व संग्रह में आई गिरावट में हुई, जो कि आज हम देख रहे हैं।

यहाँ यह बात मैं फिर से दोहरा रहा हूँ कि यह सब दिक़्क़तें जीएसटी को लागू करने में किसी हीलाहवाली की वजह से नहीं हैं; यह महज़ एक नव-उदार मिथक भर है। यह सारी परेशानी ख़ुद जीएसटी की ही वजह से है। लिहाज़ा, कर की जो मात्रा पहले अर्थव्यवस्था के महज़ एक हिस्से से उगाह ली जाती थी, जिसमें कई छोटे उत्पादक शामिल नहीं थे, वही मात्रा अब अर्थव्यवस्था के काफ़ी बड़े हिस्से से उगाही जाने वाली है जिसमें वे सारे छोटे उत्पादक भी शामिल हैं। इसलिए कोई हैरानी की बात नहीं कि अब छोटे उत्पादक पहले की तुलना में कहीं ज़्यादा निचोड़े जा रहे हैं।

जीएसटी की धारणा को तमाम तरह की फ़र्ज़ी दलीलों के आधार पर 'बेचा' गया था, जैसे कि यह तथ्य कि इससे 'राष्ट्रीय' बाज़ार का एकीकरण हो जाएगा (मानो दुनिया की सबसे ताक़तवर पूँजीवादी अर्थव्यवस्था अमेरिका, जिसके यहाँ जीएसटी नहीं है, वहाँ तो कोई एकीकृत 'राष्ट्रीय' बाज़ार है ही नहीं)। लेकिन अब इसकी असलियत सामने आ रही है – वह तो कमोडिटी टैक्स का बोझ आगे बढ़ाने का एक तरीक़ा भर है। जो टैक्स पहले बड़े क्षेत्रों के ऊपर था, वह छोटे क्षेत्रों को भी उठाना पड़ रहा है।

इस तरह से देखा जाए तो भारतीय राजनीति के संघीय ढाँचे पर प्रहार दो ज़रिए से किया जा रहा है – एक तरफ़ तो हिंदुत्व के तत्व हैं और दूसरी तरफ़

कॉर्पोरेट-वित्तीय कुलीनतंत्र है। इस समय देश पर शासन एक ऐसे गठजोड़ द्वारा किया जा रहा है जहाँ ये दोनों तत्व अहम भूमिका निभा रहे हैं – अगर आप कहना चाहें तो एक कॉर्पोरेट-सांप्रदायिक ध्रुव के रूप में – तो ऐसे में केंद्रीकरण की प्रवृत्ति काफ़ी ज़ोर मारती रहती है। यह प्रवृत्ति उन क्षेत्रीय-भाषायी राष्ट्रीयताओं को कुचल रही है जो हमारी दोहरी राष्ट्रीय चेतना का अनिवार्य हिस्सा हैं। यह प्रवृत्ति आने वाले दिनों में हमारे देश के लिए संकट का दौर लेकर आ सकती है।

श्रम पर हिंदुत्व का हमला

हिंदुत्व की वर्ग प्रक्रिया भी अब दिन-पर-दिन स्पष्ट होती जा रही है। हिंदुत्व की ओट में मोदी सरकार सार्वजनिक क्षेत्र के निजीकरण और श्रमिक वर्ग पर हमले के एक व्यापक कार्यक्रम में जुटी है। सरकार यह करने की हिम्मत एक ऐसे समय जुटा पा रही है जब देश को हिंदुत्व के नाम पर बाँटा जा रहा है; जब बहुसंख्यक समुदाय के दिलों में 'दूसरों' का भय और उसके परिणामस्वरूप उनके लिए नफ़रत भरा जा रहा है।

भय किसी तारणहार की ज़रूरत को पैदा करता है और जब यह तथाकथित 'तारणहार' निजीकरण भी कर रहा हो तो लोग उसके इस क़दम के प्रति ज़्यादा सख़्त विरोध नहीं कर पाते। वे हिंदुत्व की बहस में इतने उलझे होते हैं कि वे कॉर्पोरेट-वित्तीय कुलीनतंत्र के उस वर्गीय एजेंडा को कोई चुनौती पेश नहीं कर पाते जिसमें इस तरह का निजीकरण मुख्य रूप से छाया रहता है। संक्षेप में कहा जाए तो हिंदुत्व एक तरह की विमर्श-बदली कर देता है जो कॉर्पोरेट-वित्तीय कुलीनतंत्र के हित में काम करती है।

निजीकरण को विविध तरीक़ों से पेश किया जा रहा है। सार्वजनिक क्षेत्र के कुछ उपक्रमों को सीधी बिक्री के लिए निर्धारित कर दिया गया है और इसमें केवल घाटा उठाने वाला उपक्रम नहीं हैं बल्कि वे उपक्रम भी हैं जो ख़ासा मुनाफ़ा

कमा रहे हैं। अन्य उपक्रमों में सरकार विनिवेश के ज़रिए इक्विटी में अपनी हिस्सेदारी को 51 फ़ीसदी से नीचे लाने की मंशा रख रही है। कुछ अन्य उपक्रमों के मामले में विचार यह है कि उन उपक्रमों की कुल गतिविधि को छोटी-छोटी गतिविधियों में बाँट दिया जाए और कुछ गतिविधियों में विनिवेश करके उनका सार्वजनिक चरित्र ख़त्म कर दिया जाए। रेलवे के मामले में इसी आख़िरी तरीक़े का इस्तेमाल किया जा रहा है।

मौजूदा सार्वजनिक क्षेत्र के निजीकरण के इन सारे तरीक़ों के अलावा, कोशिश इस बात की भी है कि जहाँ पर सार्वजनिक क्षेत्र है वहाँ भी उसे दरकिनार कर दिया जाए ताकि उसका दायरा जितना संभव हो कम किया जा सके। जैसे कि कोयला खनन जैसे क्षेत्र में, जिसे सामान्यतया कमोबेश सार्वजनिक क्षेत्र के लिए ही सुरक्षित रखा जाता था, वहाँ भी अब निजी विदेशी पूँजी को हिस्सेदारी के लिए आमंत्रित किया जा रहा है। रेलवे के अंगों, जैसे कि लोकोमोटिव में विदेशी कंपनियों से आयात का सहारा लिया जा रहा है और सार्वजनिक क्षेत्र में घरेलू उत्पादन उसी हिसाब से कम किया जा रहा है। यह सब सार्वजनिक क्षेत्र की इकाइयों को लुप्तप्राय बना देने की भूमिका भर है।

इसी तरह, मौजूदा श्रम क़ानूनों में 'सुधार' करने के लिए भी क़ानून आने वाले लोकसभा सत्र में पेश किया जाने वाला है जिससे श्रमिकों को निकालना ज्यादा आसान हो जाएगा। दरअसल, देश की कुल श्रमशक्ति का महज़ 4 फ़ीसदी हिस्सा ही अब मौजूदा श्रम क़ानूनों के तहत उपलब्ध बची-खुची सुरक्षा पा रहा है क्योंकि अब 'संगठित क्षेत्र' तक में श्रमशक्ति को अस्थायी किए जाने का काम उल्लेखनीय तेज़ी से हो रहा है। लिहाज़ा, श्रम क़ानूनों में प्रस्तावित बदलाव का वास्तविक मक़सद ट्रेड यूनियनों को नामुमकिन बनाना है और अब श्रमिकों को यूनियनों से जोड़ने का काम करने वाले किसी भी शख़्स को सीधे-सीधे नौकरी से निकाल दिया जाता है।

सार्वजनिक क्षेत्र का निजीकरण करने का भी ठीक यही नतीजा होगा। पूरी दुनिया में, सार्वजनिक क्षेत्र की तुलना में निजी क्षेत्र में श्रमिकों की यूनियनों में

हिस्सेदारी काफ़ी कम है। उदाहरण के तौर पर, अमेरिका में सार्वजनिक क्षेत्र (शिक्षा समेत) में 33 फ़ीसदी श्रमिक यूनियनों में शामिल हैं, जबकि निजी क्षेत्र में मात्र 7 फ़ीसदी श्रमिक यूनियनों का हिस्सा हैं। ज़ाहिर है कि कोई यूनियन जब सार्वजनिक क्षेत्र की जगह पर निजी क्षेत्र का हिस्सा हो जाएगी तो यूनियन की गतिविधियों पर बहुत हानिकारक असर होगा।

यानी नरेंद्र मोदी सरकार का असली उद्देश्य श्रमिक वर्ग पर खुला हमला बोलना है और इस बात को कॉर्पोरेट-वित्तीय कुलीनतंत्र बहुत पसंद करेगा। पहले यह काम करना इतना आसान नहीं था। हिंदुत्व की छत्रछाया में इसे अब हासिल कर लिए जाने की योजना है।

हिंदुत्व की छाया में कॉर्पोरेट का फ़ायदा कोई संयोगवश नहीं है। दरअसल, हिंदुत्व के पैरोकारों की आर्थिक विचारधारा बेझिझक और बेशर्म तरीक़े से कॉर्पोरेट-समर्थक है। इस तथ्य को ख़ुद मोदी ने अधिकतम संभव स्पष्ट रूप से ज़ाहिर कर दिया था जब उन्होंने यह कहा था कि पूँजीपति ही देश के लिए 'संपदा की संरचना' करने वाले हैं। यह वो दावा है जो बुर्जुआ अर्थव्यवस्थाएँ भी करने से हिचकती रही हैं।

बुर्जुआ अर्थशास्त्र की मानक किताबें 'उत्पादन के चार कारकों' का उल्लेख करती हैं – ज़मीन, श्रम, पूँजी व उपक्रम – जो मिलकर उत्पादन करती हैं, और जिन पर संपदा की संरचना निर्भर करती है। उनके द्वारा इस तरह सबको शामिल करने की धारणा इस तथ्य की ओर इंगित करती है कि वे यह ज़ाहिर करना चाहते हैं कि पूँजीपति जिस पूँजी का 'योगदान' करते हैं, वह संपदा की संरचना में श्रम से किसी भी मायने में कम महत्वपूर्ण नहीं है। यानी, पूँजीपति शोषक नहीं हैं, जैसा कि समाजवादी लोग कहते हैं, बल्कि वे संपदा की संरचना में योगदान देने वालों में से हैं।

लेकिन हिंदू दक्षिणपंथी तो मानक बुर्जुआ किताबों से भी आगे चले गए हैं। उसने संपदा की संरचना करने वालों की सूची में से श्रम को पूरी तरह से बाहर कर दिया है। बुर्जुआ किताबों की ही तरह वे संपदा-संरचना की प्रक्रिया में

पूँजीपतियों को केवल श्रम के समान सह-संरचकों में से ही नहीं मानते बल्कि उन्हें संपत्ति का इकलौता रचयिता मानते हैं। कॉर्पोरेट जगत के लिए चल रहे आज के इस दौर में पूँजीपतियों के पक्ष में यह जो कायरतापूर्ण गुणगान है, उससे ज़्यादा की तो कल्पना भी नहीं की जा सकती।

दरअसल, बुर्जुआ किताबों से आगे जाकर, हम यह कह सकते हैं कि प्राकृतिक रूप से काम करने वाला मानव श्रम सभी चीजों या उपयोग मूल्यों का स्रोत है। इनमें से ही कुछ चीजें प्राकृतिक काम करने की प्रक्रिया में श्रम के साधनों (पूँजी स्टॉक) के तौर पर इस्तेमाल होती है। व्यक्तियों का एक समूह यानी कि पूँजीपति अपने आप को श्रम के इन साधनों का स्वामी बना लेते हैं और इस तरह से वे उनसे उत्पादित हुई वस्तुओं के एक हिस्से पर ख़ुद कोई भी श्रम किए बिना अपना दावा जता देते हैं। वे जो भी हथियाते हैं, उसका एक हिस्सा उपभोग में ले लेते हैं और बाक़ी हिस्से का इस्तेमाल वह श्रम के साधनों के भंडार को बढ़ाने के लिए कर लेते हैं।

एक पल को हम उदारता दिखाते हुए पूँजीपतियों की मोदी द्वारा की जा रही तारीफ़ को इस नज़रिये से देख लेते हैं कि वे श्रम के साधनों के भंडार में इज़ाफ़ा भी करते हैं। तिस पर भी, उन्हें इस वजह से 'संपदा का रचयिता' कहना, कि वे जो भी हथियाते हैं, वह सारा उपभोग तो नहीं कर लेते बल्कि वे श्रम के साधनों को बढ़ाते भी हैं – समूची प्रक्रिया को लेकर उनकी पूरी अज्ञानता को ज़ाहिर करता है।

मोदी द्वारा दिखाई गई और भी ज़्यादा अज्ञानता उनकी इस टिप्पणी से ज़ाहिर होती है कि सरकार ने महज़ कॉर्पोरेट क्षेत्र को जो 1.45 लाख करोड़ रुपये की कर राहत दी है, वह सबके लाभ के लिए हैं; वह दावा करते हैं कि वह सभी 120 करोड़ भारतीयों के लिए 'विन-विन' (जीत की) स्थिति है!

इस मामले में तो मोदी पूँजीपतियों के 'संपदा के रचयिता' होने के अपने ही नज़रिये से भी आगे बढ़ जाते हैं। यानी कि अगर कॉर्पोरेट सीधे-सीधे यह 1.45 लाख करोड़ रुपये की समूची राशि डकार जाए और इसका रत्ती भर भी इस्तेमाल

श्रम के साधनों में इज़ाफ़ा करने में न करें (जिसके परिणामस्वरूप अंततः कुल माँग में गिरावट होगी और ज़बर्दस्त बेरोज़गारी बढ़ेगी), तो भी मोदी के लिहाज़ से तो यह 'विन-विन' स्थिति ही होगी!

अब यह साफ़ है कि अर्थशास्त्र का हिंदुत्व नज़रिया बहुत सहज सा है – जितना ज़्यादा धन कॉर्पोरेटों के हाथ में रहेगा, उतना ही अच्छा यह समाज के लिए है। हालाँकि कितना दिया जा सकता है, इसकी सीमा इस बात से तय होगी कि श्रमजीवी लोगों को कितना दिया जाना चाहिए। यानी, हिंदुत्व नज़रिया यह कहता प्रतीत होता है कि जितना कम श्रमजीवी वर्ग को दिया जाएगा, उतना ही समाज के लिए बेहतर होगा! संक्षेप में कहा जाए तो हिंदुत्व नज़रिया, केवल अल्पसंख्यक-विरोधी, दलित-विरोधी, जनजाति-विरोधी, महिला-विरोधी ही नहीं है, जैसा कि अब सबको पता है, बल्कि वह अनिवार्य रूप से और बुनियादी तौर पर श्रमजीवी लोगों का विरोधी भी है।

अब यहाँ बड़ी शातिराना द्वंद्वात्मकता काम कर रही है। इस समय देश को जिस आर्थिक संकट ने घेरा हुआ है, उसके लिए हिंदुत्व का समाधान यह है कि कॉर्पोरेटों के हाथ में मौजूद धन को और बढ़ा दिया जाए। दरअसल, उसके अर्थशास्त्र को देखते हुए उसकी और कोई अवधारणा हो भी नहीं सकती। लेकिन ऐसा करने के लिए उसे बहस को और भी आक्रामक तरीक़े से दूसरी तरफ़ मोड़ना होगा और कई सारे झटके देना वाले अभियान छेड़ने होंगे, जैसे कि एक देश-एक भाषा, नेशनल रजिस्टर ऑफ़ सिटीजंस, नागरिकता संशोधन विधेयक वगैरह। इनमें से हरेक का लोगों की ज़िंदगी और देश की एकता पर विनाशकारी प्रभाव होगा।

लेकिन इसके अलावा, चूँकि कॉर्पोरेटों के हाथों में ज़्यादा धन उपलब्ध कराने से आर्थिक संकट से पार पाने के बजाय उसे और गहराने वाला ही असर होगा, इसलिए हिंदुत्ववादी सरकार इन ख़तरनाक अभियानों को रोकने के बजाय उन्हें और तेज़ ही करेगी। दूसरे शब्दों में कहा जाए तो जैसे-जैसे संकट बढ़ेगा, और

उसे दूर करने की फ़िज़ूल कोशिशों में कॉर्पोरेट-समर्थक क़दम उठाए जाएँगे, उतने ही लाचार अल्पसंख्यकों पर सांप्रदायिक हमले भी बढ़ेंगे।

हिंदुत्व-कॉर्पोरेट ध्रुव हिंदुत्व द्वारा आत्मसात की गई एक वर्गीय समझदारी के इर्द-गिर्द बुना गया है। यह शातिराना द्वंद्वात्मकता खुलकर सामने परोसी तो जा रही है, पर इसकी सबसे बड़ी कमज़ोरी इस तथ्य में निहित है कि इस द्वंद्वात्मकता से संकट निरंतर बढ़ेगा और आख़िरकार उससे वह प्रतिरोध पनपेगा जो इसे निगल लेगा।

कोयले में विदेशी निवेश : क्यों हमारे खनिज संसाधनों का हर छोटे से छोटा हिस्सा भी सार्वजनिक हाथों में रहना चाहिए

जाने-माने अर्थशास्त्री जोआन रॉबिंसन ने मैनुफ़ैक्चरिंग क्षेत्र में प्रत्यक्ष विदेशी निवेश (एफ़डीआई) और एक ऐसे क्षेत्र में एफ़डीआई में बुनियादी अंतर की तरफ़ ध्यान आकर्षित किया था जिसमें ख़त्म होने वाले संसाधन, जैसे कि किसी खनिज उत्पाद, का उत्खनन होता है। इस अंतर को एक उदाहरण से समझा जा सकता है।

माना जाए कि दोनों क्षेत्रों में हर साल के अंत तक सौ रुपये का मुनाफ़ा कमाकर विदेशी कंपनी द्वारा बाहर भेज दिया जाता है; यह भी माना जाए कि खान की उम्र 10 साल है। लिहाज़ा दस साल के बाद, जिस दौरान हर साल सौ रुपये का मुनाफ़ा बाहर भेजा जाता रहा, मेज़बान देश में मैनुफ़ैक्चरिंग इकाई वैसे ही बनी रहेगी। लेकिन उन्हीं दस सालों के बाद, जब हर साल 100 रुपये का मुनाफ़ा कमाकर बाहर भेजा जाता रहा, देश में कोई भी खनिज संपदा बाक़ी नहीं रहेगी।

यहाँ कहने का आशय यह भी नहीं है कि मैनुफ़ैक्चरिंग क्षेत्र में भी एफ़डीआई

का हमेशा ही स्वागत किया जाना चाहिए, बिल्कुल नहीं। यहाँ कहने का आशय सिर्फ़ यह है कि जहाँ एक ऐसी स्थिति हो सकती है जब मैनुफ़ैक्चरिंग क्षेत्र में उसकी इजाज़त दे दी जाए (जैसे कि तब जब वह शुद्ध रूप से विदेशी मुद्रा अर्जित कर रहा हो), वहीं ऐसी कोई स्थिति संभव नहीं जब किसी देश को खनिज संसाधनों का उत्पादन करने वाले किसी क्षेत्र में प्रत्यक्ष विदेशी निवेश की इजाज़त देने का विकल्प चुनने की सलाह दी जाए।

यह ख़त्म होने वाले सभी संसाधनों के उत्खनन को सार्वजनिक क्षेत्र के अधीन रखने की दलील भी है। ठीक इसी वजह से कि ये संसाधन एक समय के बाद ख़त्म हो जाएँगे, इनके उत्खनन की एक सर्वोत्कृष्ट दर सुनिश्चित करने का ही सवाल नहीं है, बल्कि यह भी सुनिश्चित किया जाना चाहिए कि इन संसाधनों का राई-रत्ती या इन संसाधन की बिक्री से हासिल हुए धन को केवल उस मद में इस्तेमाल किया जाए जो सामाजिक रूप से वांछनीय हो। इसी वजह से इन संसाधनों पर सामाजिक नियंत्रण ज़रूरी है और यही इन्हें सार्वजनिक क्षेत्र के अधीन रखने की अनिवार्य वजह भी है।

यही वो नज़रिया था जो काफ़ी समय तक कोयला क्षेत्र में एफ़डीआई के संदर्भ में भारत की नीति को निर्देशित भी करता रहा। यह सही है कि इसमें थोड़ी बहुत छूट मिलती रही, ख़ास तौर पर बिजली घरों और लोहा, स्टील व सीमेंट का उत्पादन करने वाली इकाइयों के लिए कैप्टिव कोयला उत्पादन के संदर्भ में, लेकिन इस तरह की कैप्टिव कोयला उत्पादन इकाइयों को खुले बाज़ार में कोयला बेचने की इजाज़त नहीं थी। लेकिन इस क़ानून को अब बदल दिया गया है, और नरेंद्र मोदी की सरकार ने यह ऐलान कर दिया है कि अब से कोयला क्षेत्र में न केवल निजी निवेश बल्कि ऑटोमैटिक रास्ते से सौ फ़ीसदी एफ़डीआई की भी इजाज़त रहेगी। यानी सार्वजनिक क्षेत्र की इकाई, कोल इंडिया लिमिटेड (सीआईएल) का लगभग एकाधिकार ख़त्म हो जाएगा, जिसकी फ़िलहाल देश के कुल कोयला उत्पादन में 83 फ़ीसदी पर हिस्सेदारी थी।

इस क़दम को जायज़ ठहराने के लिए तमाम तरह की दिखावटी दलीलें दी

जा रही हैं। इन सब बेतुकी दलीलों में से एक तो यह है कि 'इससे हमें 5 ट्रिलियन डॉलर यानी पचास खरब डॉलर की अर्थव्यवस्था बनने के लक्ष्य तक पहुँचने में मदद मिलेगी।' इस तरह हम पहले तो ख़ुद के सामने एक लक्ष्य रख रहे हैं और फिर उसे किसी भी जायज़-नाजायज़ तरीक़े से हासिल करने की कोशिश कर रहे हैं। इससे उन तरीक़ों को जायज़ क़तई नहीं ठहराया जा सकता।

फिर एक दलील यह भी है कि इससे कोयला क्षेत्र के भीतर 'प्रतिस्पर्द्धा' बढ़ेगी। अब इस दलील को आगे बढ़ाने वाले इस बात को कभी भी स्पष्ट नहीं करते कि इस कथित 'प्रतिस्पर्द्धा' के अभाव से देश के लोगों पर क्या प्रतिकूल प्रभाव पड़ा है। कोल इंडिया आख़िरकार एक सार्वजनिक क्षेत्र की कंपनी है – वह अपने एकाधिकार के चलते ज़्यादा क़ीमतें वसूल करने जैसी कोई हरकत नहीं करती; तो फिर भला 'प्रतिस्पर्द्धा' बढ़ाने से और क्या आशय है?

इससे जुड़ी तीसरी दलील यह दी जाती है कि इससे ज़्यादा 'कुशलता' आएगी। लेकिन इस 'कुशलता' का तो कोई सूचकांक नहीं है, जैसे कि कोई भौतिक संकेतक हो – प्रति इकाई कोयला उत्पादन के लिए ज़रूरी इनपुट बताया जाता हो – जिसके आधार पर इस दावे को परखा जा सकता हो। सिर्फ़ कोयले के प्रति इकाई उत्पादन की लागत का थोड़ा धुँधला सा ज़िक्र किया जाता है; लेकिन कोयले के प्रति इकाई उत्पादन की निचली लागत किसी भी सूरत में बेहतर कुशलता का कोई संकेतक नहीं है। दरअसल कोयला क्षेत्र में, जहाँ कुल इकाई लागत का बड़ा हिस्सा वेतन का खर्च है, निजी उत्पादन में कम लागत को दो मुख्य कारकों की वजह से देखा जाता है – कम वेतन, जो कभी-कभी तो इतना कम अनुमानित किया जाता है कि वह उसी काम के लिए कोल इंडिया लिमिटेड द्वारा दिए जाने वाले वेतन का एक-तिहाई होता है और दूसरा, खान मज़दूरों की सुरक्षा को लेकर बेहद कम चिंता।

इसमें कोई संदेह नहीं कि सीआईएल का सुरक्षा रिकॉर्ड सुधारा जा सकता है और सुधारा जाना चाहिए, लेकिन हक़ीक़त यही है कि वह फिर भी चीन समेत उन तमाम देशों से कहीं बेहतर है जहाँ कोयले की खानें निजी क्षेत्र में हैं।

दरअसल, प्रति दस लाख टन कोयला उत्पादन पर मौत की औसत दर भारत में चीन व इंडोनशिया के मुक़ाबले कहीं कम है, जो निजी खनन की इजाज़त देने वाले दो अन्य बड़े उत्पादक हैं। लिहाज़ा, मानव जीवन की क़ीमत पर 'लागत में कटौती' को हासिल करने का मक़सद हमारा होना भी नहीं चाहिए।

इससे हमारे सामने वे दो दलीलें आ जाती हैं जो सबसे ज़्यादा दी जाती रही हैं। पहली यह है कि एफ़डीआई से भारत के कोयला खनन क्षेत्र में बेहतर प्रौद्योगिकी आएगी। इस दलील को मान भी लिया जाए तो हमें पहले यह सवाल करना चाहिए कि आख़िर क्यों बेहतर प्रौद्योगिकी को हासिल करके सीआईएल द्वारा किए जा रहे उत्पादन का ही प्रौद्योगिकीय प्रोन्नयन नहीं किया जा सकता? और, ख़ाली उसके लिए क्यों इस क्षेत्र को सौ फ़ीसदी विदेशी निवेश के लिए खोला जाना ज़रूरी है? दरअसल, इस बात के कोई साक्ष्य नहीं हैं कि सरकार ने सौ फ़ीसदी एफ़डीआई को न्योता देने के सिवाय किसी और ज़रिये से प्रौद्योगिकी हासिल करने के कोई गंभीर प्रयास किए हों।

दूसरा बार-बार दिया जाने वाला तर्क यह रहा है कि भारत हाल में कोयले का आयात करता रहा है और आयात की मात्रा हर बार बढ़ती जा रही है क्योंकि घरेलू उपभोग की ज़रूरतों को पूरा करने में घरेलू उत्पादन अपर्याप्त रहता है। लिहाज़ा, घरेलू उत्पादन को तेज़ी से बढ़ाने की ज़रूरत है और इसके लिए निजी कंपनियों, जिनमें विदेशी कंपनियाँ भी शामिल हैं, को उत्पादन में शामिल करना चाहिए। इस दलील के साथ दिक़्क़त यह है कि इसमें इस बात को कभी स्पष्ट नहीं किया जाता कि क्यों सीआईएल ज़रूरत के मुताबिक़ उत्पादन बढ़ाने में सक्षम नहीं है। यह माना गया है कि सीआईएल का प्रदर्शन अच्छा रहा है और 2018–19 में उसने उत्पादन में 4 करोड़ टन की वृद्धि की है। अब यह बात साफ़ नहीं की जाती कि क्यों नहीं उसे ऐसा ही प्रदर्शन अगले कुछ सालों तक करते रहने को कहा जाता ताकि आयात की ज़रूरत एकदम से ख़त्म कर दी जाए।

यह इशारा भी अक्सर किया जाता है कि सीआईएल पर ख़ासा दबाव है। इसका भी क्या आशय है, यह स्पष्ट नहीं किया जाता। बड़ी कंपनियों की यही

एक ख़ूबी होती है कि उनके पास इस बात के लिए पर्याप्त साधन होते हैं कि अगर उनके उत्पादन की माँग बढ़े तो वे अपने आकार को और बढ़ा लें; लिहाज़ा इस बात में कोई तर्क समझ नहीं आता कि क्यों सीआईएल के मामले में ऐसा नहीं हो सकता। और अगर किसी भी वजह से सीआईएल के और विकास में किसी भी तरह की बाधा है तो सरकार आसानी से एक और सार्वजनिक क्षेत्र की कंपनी खड़ी कर सकती है ताकि देश की कोयला उत्पादन क्षमता को बढ़ाया जा सके, बजाय कोयला क्षेत्र में विदेशी बहुराष्ट्रीय कंपनियों को आमंत्रित करने के।

इस तथ्य के संदर्भ में भी काफ़ी कुछ कहा जाता है कि अगर हम विदेशी बहुराष्ट्रीय कंपनियों को आमंत्रित करके घरेलू उत्पादन में इज़ाफ़ा कर लेते हैं तो 'बेशकीमती विदेशी मुद्रा' बचा सकेंगे। लेकिन इसी संदर्भ में इस तथ्य को नज़रअंदाज़ कर दिया जाता है कि विदेशी कंपनियाँ आएँगी तो उनके मुनाफ़े के प्रत्यावर्तन के कारण बड़ी मात्रा में 'बेशकीमती विदेशी मुद्रा' देश से बाहर भी तो चली जाएगी।

विडंबना की बात यह है कि जो स्रोत यह दलील देते हैं कि विदेशी बहुराष्ट्रीय कंपनियों को आमंत्रित किया जाना चाहिए क्योंकि सीआईएल पर ज़रूरत से ज़्यादा दबाव है, तुरंत ही वे यह भी कह देते हैं कि विदेशी बहुराष्ट्रीय कंपनियाँ आएंगी ही नहीं क्योंकि भूमि अधिग्रहण को लेकर और कोयले की क़ीमतों को लेकर इस समय काफ़ी परेशानियाँ हैं और कोयला ब्लॉक के लिए भी बोली लगानी पड़ती है। यानी उनका इशारा यह है कि विदेशी बहुराष्ट्रीय कंपनियों के प्रवेश को सुहूलियत देने के लिए इन सारी पाबंदियों को भी ख़त्म कर देना चाहिए। दूसरे शब्दों में कहा जाए तो कोयला उत्पादन में विदेशी बहुराष्ट्रीय कंपनियों को न केवल आने की इजाज़त देनी चाहिए बल्कि उनके लिए लाल कालीन बिछाया जाना चाहिए और उनकी इच्छाओं को पूरा करने के लिए हमें अपनी पूरी नीति व्यवस्था बदल देनी चाहिए; और यह सब इसलिए कि सीआईएल पर कोई अबूझ सा 'ज़रूरत से ज़्यादा दबाव' है।

निष्कर्ष साफ़ है कि कोयला क्षेत्र को विदेशी बहुराष्ट्रीय कंपनियों के लिए

खोल देने की इस नीति का कोई अनिवार्य वस्तुगत कारण नहीं है; यह नीति किसी ज़रूरत से नहीं उपजी है बल्कि पूरी तरह से इस ख़्याल से उपजी है कि विदेशी पूँजी को वांछनीय समझा जाता है, भले ही इस प्रक्रिया में कोयले की क़ीमतें बढ़ जाएं और भले ही देश की जनजातीय आबादी की क़ीमत पर अंधाधुंध तरीक़े से पूँजी का आदिम संचयन किया जाता रहे (आख़िरकार भूमि अधिग्रहण को सरल बनाने का यही तो एक आशय है)।

विडंबना की बात यह है कि जो सरकार अपने 'राष्ट्रवाद' का इतना बढ़-चढ़कर गुणगान करती है, और जो मामूली सी बात पर लोगों को 'राष्ट्र-विरोधी' क़रार देकर जेल में बंद कर देती है, वही पिछली सारी नीतियों को उलटकर देश के संसाधनों का नियंत्रण विदेशी बहुराष्ट्रीय कंपनियों के हाथों में देने के लिए इतनी तत्पर है।

यह आलेख न्यूज़क्लिक में प्रकाशित हुए निम्न तीन लेखों का संपादित स्वरूप है : https://www.newsclick.in/how-corporate-hindutva-axis-assaulting-indias-federalism, 20 सितंबर 2019; https://www.newsclick.in/frontal-attack-labour-shadow-hindutva, 4 अक्टूबर 2019; और https://www.newsclick.in/FDI-coal-why-every-ounce-mineral-resources-remain-public-hands, 7 सितंबर 2019

3.

भारत को अपने साँचे में ढालने की भाजपा की दिवालिया परियोजना

प्रबीर पुरकायस्थ

एक राष्ट्र के रूप में भारत की हिंदुत्ववादी संकल्पना आज़ादी की लड़ाई के दौरान उभरी समावेशी संकल्पना से बिल्कुल अलग है। वह राष्ट्र के घटकों को ठीक उसी रूप में देखती है जिस रूप में औपनिवेशिक शक्तियों ने देखा था। इसीलिए नए भारत के निर्माण के पूरी परियोजना से वे हमेशा असहमत रहे और एक धर्म, जाति, नस्ल तथा भाषा की श्रेष्ठता को भारत राष्ट्र का आधार बनाने की कोशिश में हर तरह की समतामूलक पहलक़दमी का विरोध करते रहे। आज हम जो कुछ देख रहे हैं, वह राष्ट्र-संबंधी उनकी इसी संकल्पना का अमल है।

26 जनवरी 1950 को भारत एक गणराज्य बना जब संविधान-सभा में बाबासाहेब अम्बेडकर द्वारा मार्गदर्शित संविधान अमल में लाया गया। यह संविधान ही है जो हर वर्ग के नागरिकों को – चाहे वे किसी भी नस्ल, धर्म या जाति के हों – राष्ट्र के सभी अधिकार सुनिश्चित करता है, जिसमें एक सम्मानपूर्ण जीवन यापन का अधिकार भी शामिल है। एक लोकतंत्र और धर्मनिरपेक्ष गणतंत्र के इसी विज़न

(दृष्टि) को आज उन हिस्सों से ख़तरा है जिन्होंने कभी आज़ादी के आंदोलन में भाग नहीं लिया और एक राष्ट्र के रूप में भारत को लेकर जिनका नज़रिया बहुत संकीर्ण और ऊसर है।

भारत का संविधान मात्र संविधान सभा का उत्पाद नहीं है। यह आज़ादी के आंदोलन के मूल्यों को प्रतिबिंबित करता है। स्वतंत्रता आंदोलन ने विभिन्न धर्मों, भाषाओं और (नृ)जातीय संस्कृतियों (एथनिसिटीज़), यहाँ तक कि अलग विचारधाराओं के लोगों को औपनिवेशिक दमनकारियों के विरुद्ध एक साझे संघर्ष में जोड़ कर रखा। स्वतंत्रता आंदोलन न केवल औपनिवेशिक शासन का अंत करना चाहता था अपितु वह भारत के औपनिवेशिक शोषण का भी अंत करना चाहता था। एक स्वतंत्र भारत को अपने लोगों को विदेशी शासन से आज़ादी देनी थी, लेकिन साथ ही उस कष्टकर ग़रीबी से भी मुक्ति दिलानी थी जो इस राज ने उन पर थोपी थी; अतः एक स्वतंत्र भारत को अपने सभी लोगों का विकास करना था।

यही समावेशी दृष्टिकोण है जिसने दुनिया की पहली वृहद-स्तरीय सकारात्मक कार्यवाही को जन्म दिया। वह कार्यवाही थी, अपनी जनता के एक ख़ास हिस्से – दलित और आदिवासी – के लिए आरक्षण, जिन्हें हिंदू वर्ण-समाज से हमेशा बाहर रखा गया और जिन्होंने पीढ़ियों से शोषण और हिंसा सही।

ज़ाहिर है, लक्ष्यों की इस एकता – औपनिवेशिक शोषण का अंत और एक धर्मनिरपेक्ष राज्य – में और भी कई दरारें (फॉल्टलाइन्स) थीं। 25 नवंबर 1949 को संविधान सभा के अपने भाषण में अम्बेडकर[1] ने कहा था :

‘26 जनवरी, 1950 को हम अंतर्विरोधों से भरे एक जीवन में प्रवेश करने जा रहे हैं। राजनीति में हमारे पास समानता होगी और सामाजिक तथा आर्थिक जीवन में असमानता होगी ... कितना समय हमें ये विरोधाभास का जीवन व्यतीत करते रहना होगा? और कितने समय तक हम हमारे सामाजिक और आर्थिक जीवन में समानता से इनकार करते रहेंगे?’

वामपंथ के कुछ हिस्सों ने संविधान के कुछ हिस्सों का विरोध किया था

क्योंकि संपत्ति का अधिकार एक मौलिक अधिकार के रूप में शामिल किया गया था। सर्वोच्च न्यायालय को संविधान के मूल ढाँचे के सिद्धांत को स्थापित[2] करने और यह सुनिश्चित करने में दशकों लगे कि वो अधिकार जो कि 'मूल ढाँचे' से संबंधित ही नहीं है – जैसे कि संपत्ति के अधिकार – को वास्तव में संसद द्वारा संशोधित किया जा सकता है।

अम्बेडकर और वामपंथ के बीच ऐसे मतभेदों के बावजूद दोनों ने एक समावेशी राज्य के व्यापक दृष्टिकोण (विज़न) के लिए कार्य किया जो उसमें रहने वाले सभी लोगों का हो, और इसलिए, उन्हें अपने सभी लोगों का विकास करना था। यह विज़न न तो मुस्लिम लीग और न ही हिंदू महासभा – आरएसएस साझा कर सके, जो चाहते थे कि राज्य धार्मिक पहचान के आधार पर हो और पूँजी – विदेशी या स्थानीय, दोनों ही – इस प्रकार अर्थव्यवस्था का विकास करे जिसमें राज्य की कम से कम भूमिका हो। जिन्ना को इस विश्वास के कारण पाकिस्तान चाहिए था कि एक आज़ाद भारत, जिसमें हिंदुओं का बहुमत है, एक बहुसंख्यकवादी राज्य बन जाएगा। आज़ाद भारत ने इस बहुसंख्यकवादी राज्य या हिंदू पाकिस्तान – जैसा कि नेहरू उसे बुलाते थे – के विज़न से स्पष्टतया इनकार कर दिया, उसके बदले एक धर्मनिरपेक्ष तथा समावेशी राज्य का चुनाव किया।

यह संविधान और यह गणतंत्र जिसका आज हम जश्न मनाते हैं, इन्हें आरएसएस और उसके विभिन्न मोर्चों ने कभी स्वीकार नहीं किया। हो सकता है, उन्होंने आज यह तय किया हो कि इनको धीरे-धीरे नष्ट करने का प्रयास ही बेहतर होगा, लेकिन उन्होंने मूलभूत अधिकारों के प्रति अपने विरोध को कभी नहीं छुपाया। आरएसएस और जनसंघ अम्बेडकर को लिलिपुट बुलाते थे, जबकि मनु और *मनुस्मृति* की प्रशंसा करते थे। आरएसएस के मुखपत्र *ऑर्गेनाइज़र* ने 30 नवंबर 1949 के अपने अंक में लिखा :

'भारत के नए संविधान के बारे में सबसे बुरी बात यह है कि इसमें कुछ भी भारतीय नहीं है। इस संविधान के निर्माताओं ने इसमें ब्रितानी, अमेरिकी,

कनाडाई, स्विस और विभिन्न देशों के संविधानों के तत्व डाल दिए हैं ... किंतु हमारे संविधान का कुछ भी मौजूद नहीं है, इसमें प्राचीन भारत में बने अद्वितीय संवैधानिक विकास का कोई ज़िक्र नहीं है। मनु के नियम स्पार्टा के लाइकुर्गस या पर्सिया (फ़ारस) के सोलोन से बहुत पहले लिखे जा चुके थे। आज तक भी *मनुस्मृति* में स्थापित उनके नियम विश्वभर को सादर रोमांचित करते हैं और स्वतःस्फूर्त आज्ञाकारिता तथा अनुपालन प्राप्त करते हैं। किंतु हमारे संविधान बनाने वाले पंडितों के लिए यह कोई मायने नहीं रखता।'

हैरानी की बात नहीं है कि भारतीय संविधान के सकारात्मक कार्य या शिक्षा तथा रोज़गार में आरक्षण जैसी अन्य गतिविधियों का आरएसएस द्वारा विरोध किया गया। आज भी आरएसएस के नेता आरक्षण[3] के विरोध में बोलते हैं, कि कैसे यह अलगाववाद को प्रोत्साहित करता है और क्यों इसे क्षतिग्रस्त करना चाहिए।

राष्ट्र के दो परस्पर विरोधी प्रारूप

राष्ट्र की दो विपरीत दृष्टियों (विज़न) को देखना उपयोगी रहेगा, जिसमें एक है आज़ादी के आंदोलन का समावेशी राष्ट्र और दूसरा है विभाजनकारी, रक्त और नस्ल वाला यूरोपीय रूप जिसने गोलवलकर और जिन्ना के विज़न को जन्म दिया। ये दोनों ही प्रारूप केवल भारत के संदर्भ में विशिष्ट नहीं हैं अपितु उपनिवेशों में राष्ट्रीय मुक्ति संग्राम के भीतर हुए बहुत बड़े संघर्ष का एक हिस्सा हैं। विश्व के विभिन्न हिस्सों में हुए राष्ट्रीय मुक्ति संघर्षों ने यह समझा कि रक्त और नस्ल के खाँचे वाला यूरोपीय राष्ट्रवाद उनके लिए काम नहीं करेगा। उपनिवेश रह चुके अधिकांश देश विविध पहचानों के मिश्रण वाले थे – धर्म, नस्ल और भाषा के आधार पर। औपनिवेशिक सत्ताओं ने इन देशों को धर्म, भाषा और नृजातीयता (जिसे औपनिवेशिक दृष्टिकोण में हमेशा आदिवासी कहकर संबोधित किया गया) के आधार पर बाँटने का मार्ग ढूँढा। साम्राज्यवाद के 'बांटो और राज करो'

के पुराने खेल के विपरीत, राष्ट्रीय मुक्ति संग्राम का काम था, लोगों को इतनी बहुविध पहचानों के बावजूद एक करना।

भारत में नेहरू, रानाडे और गोखले जैसे नेताओं ने राष्ट्र को एक स्वतंत्र राष्ट्रीय अर्थव्यवस्था[4] के हलक़े में रखकर देखा। ऐसे सभी राष्ट्रीय संघर्षों का मूल तत्व था, राज्य के ऊपर नियंत्रण जिसके ज़रिए साम्राज्यवादी दमन – आर्थिक और शारीरिक – हुआ करते थे। साम्राज्यवाद के ख़िलाफ़ संघर्ष की शुरुआत औपनिवेशक राज्य के विरूद्ध संघर्ष से हुई; और इसी संघर्ष ने लोगों को एक किया और एक उपनिवेश-विरोधी राष्ट्रीय चेतना को आकार दिया। ब्रितानियों के विरूद्ध स्वतंत्रता आंदोलन में यही केंद्रीय संवेग था। लोगों को एक करने के लिए धर्मनिरपेक्षता और आर्थिक उन्नति जैसे तत्वों ने स्वतंत्रता आंदोलन के नेताओं की दृष्टि और कार्रवाई को अलग किया, फिर वे चाहे पटेल, बोस, अम्बेडकर, नेहरू हों या कोई और।

आरएसएस के लिए ब्रिटिश शत्रु नहीं थे; बल्कि राष्ट्रवादी, धर्मनिरपेक्ष और मुसलमान दुश्मन थे। हिंदुत्व के सिद्धांतकारों, जैसे सावरकर, हेडगेवार और गोलवलकर का राष्ट्र को लेकर जो नज़रिया था, वह नाज़ी जर्मनी (या फ़ासीवादी इटली) से प्रेरित एक बहिष्कारवादी, नस्लीय (एथनिक) राष्ट्रवाद था। उन्होंने स्वतंत्रता आंदोलन के गूलभूत समावेशी दृष्टिकोण का विरोध किया। उन्होंने तर्क दिया कि भारतीय राष्ट्र औपनिवेशिक शासन से अपने आज़ाद होने की इच्छा पर नहीं, बल्कि 'प्राचीन राष्ट्र के पुनराविष्कार' पर आधारित होना चाहिए। यही दृष्टिकोण सावरकर ने प्रतिपादित किया था : एक हिंदुत्व वाला राष्ट्र जिसका आधार नस्ल, संस्कृति और भाषा हो। सावरकर ने स्वयं यह स्पष्ट किया था कि जिस हिंदुत्व को उन्होंने राष्ट्र का आधार बनाया है, वह हिंदू धर्म से भिन्न है। आरएसएस के नेताओं ने राष्ट्र की यह अवधारणा सावरकर से पाई। गोलवलकर ने कहा था कि पूर्ण राष्ट्र की अवधारणा को आकार देने के लिए, एक राष्ट्र को '... देश (भूगोल), नस्ल, धर्म, संस्कृति और भाषा – इन पाँच एकताओं के सारभूत मूल्य' पर आधारित होना चाहिए।[5]

भारतीय राष्ट्र को लेकर सावरकर की अवधारणा मौलिक नहीं थी बल्कि 19वीं शताब्दी के अंतिम दौर और 20वीं शताब्दी के शुरुआती काल के जर्मन राष्ट्रवाद,[6] जो रक्त (नस्ल) और भूमि पर आधारित था, जिसे बाद में नाज़ीवाद ने लिया, वहीं से उधार ली गई थी। राष्ट्र पर सावरकर के लेखन में रक्त और नस्ल, दोनों ही बार-बार आने वाले विषय हैं।

सावरकर के बहिष्कारवादी राष्ट्रवाद और उसके रूपों तथा अन्य जगहों पर हुए इसके प्रस्फुटन के बीच क्या संबंध है? बहिष्कारवादी राष्ट्रवाद के ये विभिन्न रूप राज्य को नस्ल, धर्म या (नृ)जातीयता (एथनिसिटी) के आधार पर परिभाषित करते हैं। राष्ट्रवाद के एक बहुत ही विशेष ज़हरीले स्वरूप को अपनी विचारधारा के रूप में इस्तेमाल करते हुए श्रेष्ठतावादियों द्वारा ये सभी बहिष्कारवादी राष्ट्रवाद व्यवहार में उतारे जाते हैं। इसलिए श्वेत 'राष्ट्रवाद' नस्लवाद है, जैसे कि ईसाई, हिंदू या इस्लामी 'राष्ट्रवाद' या धर्म को एक आवरण के रूप में इस्तेमाल करने वाले अलग-अलग तरह के श्रेष्ठतावादी। अपनी ही सर्वश्रेष्ठता की धारणा से संचालित इन राष्ट्रवादों के उदाहरण यूरोप में भरपूर थे, विशेषकर उस लंबी ऐतिहासिक प्रक्रिया के दौरान जिसके कारण राष्ट्र-राज्यों का उदय हुआ।

इस प्रक्रिया में बाहरी जंग भी शामिल थी – राष्ट्रीय सीमाओं[7] की स्थापना और उपनिवेश हासिल करने के लिए। इसमें अल्पसंख्यकों का आंतरिक दमन भी शामिल था फिर चाहे वो भाषा, धर्म या (नृ)जातीयता (एथनिक) के आधार पर हो। यूरोपीय 'खोजियों' जैसे क्रिस्टोफर कोलंबस और वास्को डि गामा ने पहले ही ऐसे भू-भाग 'खोज' लिए थे जहाँ लोग रहते थे, और उन्होंने वहाँ पहले यूरोपीय उपनिवेश बनाए। अफ्रीका और अमेरिका में स्पेनियों और पुर्तगालियों द्वारा लोगों को गुलाम बनाया जाना, 1493[8] में पोप एलेक्जेंडर VI द्वारा जारी पापल बुल (जन साधारण के लिए जारी आदेश) में खोज के सिद्धांत (डॉक्ट्रिन ऑफ़ डिस्कवरी) के तहत सही ठहराया।

यूरोपीय उपनिवेशकों का ईसाईयों की सर्वश्रेष्ठता में 'विश्वास' और यह मानना कि स्थानीय लोगों (नेटिव्स) के लिए श्वेत पुरुष ही 'सभ्यता' लाएंगे –

यही 'वाइट मैन्स बर्डन' था। ये दोनों ही 'सभ्यता के मिशन'– पहला, ईसाई वाला और दूसरा खुलेआम नस्लीय – लूट, खसोट, जनसंहार और दासता के साथ जुड़े हुए थे। ऐसा आकलन है कि अमेरिका की वास्तविक जनसंख्या का नब्बे प्रतिशत इस औपनिवेशिक 'विस्तार' में मारा गया था'। एक आकलन के अनुसार, अफ्रीका में गुलामी के कारण जनसंख्या में आई गिरावट 16वीं शताब्दी के 60 करोड़ से 20वीं शताब्दी की शुरुआत में 20 करोड़ हो गई – दोबारा बढ़ने से पहले।[9]

अफ्रीका और अमेरिका को अपना उपनिवेश बनाने में पुर्तगाल और स्पेन ने पहल की। लेकिन सभी मुख्य यूरोपीय राष्ट्रों ने गुलाम व्यापार और गुलाम श्रम में सहभागिता की। अंग्रेज़ों और फ्रांसीसियों ने 'आधुनिक' गुलामी के आधार पर वेस्टइंडीज में व्यापक स्तर पर गन्ने की खेती की। यह समझना बहुत ही शिक्षाप्रद है कि नागरिक होने का फ्रांसीसी क्रांति का मुक्तिवादी दृष्टिकोण – हर व्यक्ति जो फ्रांस की भौगोलिक सीमा रेखा के भीतर रहता है वह फ्रांस का नागरिक है – तब ध्वस्त हो गया जब फ्रांस उपनिवेश बनाने लगा। हैती, जो तब फ्रांस के अधिकार क्षेत्र में था, में हुए गुलामों के विद्रोह में फ्रांसीसी क्रांति के वही सभी नारे – समानता, बंधुत्व और स्वतंत्रता – लगाए जा रहे थे जो कि आज गुलामों को हासिल नहीं थे। औपनिवेशिक प्रजा नागरिक नहीं थी।

उपनिवेशकों के राष्ट्र का दृष्टिकोण – जो विशिष्टवादिता और नस्लीय सर्वश्रेष्ठता पर आधारित है – सावरकर-गोलवलकर के आर्य हिंदू राष्ट्र की रक्त और नस्ल आधारित धारणा में गहरे बैठा है। यह वही पक्ष समर्थन है जो औपनिवेशिक फ़तह का आधार बना : कि उनकी श्रेष्ठता उन्हें लोगों, और उनके क्षेत्रों तथा संसाधनों के ऊपर अधिकार देती है। आख़िर कैसे उपनिवेश बनाए गए लोग जैसे सावरकर और गोलवलकर, उसी अवधारणा का इस्तेमाल कर सकते हैं जिसने उन्हें अधीन बनाया? शायद उन्होंने अंग्रेज़ों को उपनिवेशवादियों के रूप में नहीं देखा, बल्कि उन्हें मुस्लिम शासन से मुक्त करने वालों के रूप में देखा और ऐसे ही समझाया! उनके लिए और आज उनके मोदी जैसे वारिसों के लिए

भी – विदेशी शासन[10] पृथ्वीराज चौहान के ऊपर मोहम्मद गोरी की विजय से शुरू होता है। या क्या ऐसा था कि एक ब्राह्मणवादी विश्व दृष्टि,[11] जिसने जाति-व्यवस्था के रूप में असहमति-आधारित बहिष्कारों का आभ्यंतरीकरण कर लिया था, राष्ट्र के नस्लीय दृष्टिकोण को आसानी से पचा सकती थी?

हिंदुत्ववादी दृष्टिकोण में शासक का धर्म यह निश्चित करता है कि भारत पर किसी विदेशी का शासन है या नहीं, चाहे वह शासक स्वयं भी पहले आए उन आर्यों की तरह, जिन्हें सावरकर भी स्वीकार करते हैं कि वे बाहर से आए थे और सिंधु घाटी की तराई में बस गए थे, एक प्रवासियों का जमघट हों। कहीं न कहीं भाषा के हेर-फेर से सावरकर दक्षिण एशिया के प्रवासियों को अन्य प्रवासियों से अलग कर देते हैं। वह यह दावा करते हैं कि इस भूमि ने आर्य नस्ल को अपनी पवित्रता से रंजित कर दिया, और उसका धर्म – संस्कृत जैसी पवित्र भाषा के साथ-साथ – यहीं विकसित हुआ।

सावरकर और गोलवलकर यह समझने में पूर्णतः नाकामयाब रहे कि किसी औपनिवेशिक ताक़त की दृष्टि में जो चीज़ें एक राष्ट्र का संघटक होती हैं, वे किसी उपनिवेशित राष्ट्र का आधार नहीं बन सकतीं। यूरोपीय उपनिवेशकों को विदेशी क्षेत्रों की चाह थी और वे इसलिए उपनिवेश बनाते थे ताकि वे लोगों की दौलत और उनके संसाधन को बूंद-बूंद निचोड़ सकें। ग़ुलामी के ज़रिए – और ग़ुलामी औपनिवेशिक लूटपाट का बहुत बड़ा हिस्सा थी – उन्होंने तो प्रजा में से उनकी मानवता ही खींच डाली। राष्ट्रवाद के ऐसे स्वरूप को अपनी प्रेरणा के रूप में प्रयोग करके कोई मुश्किल से ही औपनिवेशिक लोगों को मुक्ति की वो नज़र दे सकता है जो एक स्वतंत्र राष्ट्र और स्वतंत्र लोगों की आवश्यकता है तथा यह तो निश्चित है कि यह उस तरह से तो यह लोगों की परिस्थिति को नहीं बदल पाएगा, जैसी एक मुक्ति की धारणा की माँग होती है।

संविधान, योजना और सार्वजनिक क्षेत्र

आज़ादी के संघर्ष के बाद उभर रहे भारतीय राज्यों को एक सोच (विज़न) पर काम करना था जिसमें दो अनुपूरक कार्य निहित थे : एक भारत अपने सभी लोगों के लिए, और एक राज्य जो अपने संसाधनों का विकास करेगा – जिसमें मानव संसाधन भी शामिल हैं।

शुरुआती राष्ट्रवादियों, जैसे कि दादाभाई नौरोजी, ने यह स्पष्ट रूप से देख लिया था कि औपनिवेशिक शासन ने ब्रितानिया को समृद्ध बनाने के लिए भारत का लहू निचोड़ लिया था। नौरोजी की ड्रेन थ्योरी (धन-निकास सिद्धांत) उपनिवेशवाद को आर्थिक दृष्टि से समझने की सबसे पहली कोशिश थी; इसने औपनिवेशिक शासन और भारत की ग़रीबी के बीच में एक संबंध स्थापित किया। भारतीय राष्ट्रवादियों को यह पता था कि पराजित करने वाले अंग्रेज़ पहले के विजेताओं से अलग थे। बाबर ने यह समझ लिया था कि अगर वह एक बार भारत में शासन करता है तो फिर उसके पास अपने प्रिय फ़रग़ाना लौटने का कोई मार्ग शेष नहीं रह जाता। भारत ने मुग़लों को अपने में समा लिया, जैसा कि उसने अपने पहले के सभी विजेताओं का समाया था। वे सब इसी धरती का हिस्सा बन गए। लेकिन ब्रितानियों के साथ ऐसा नहीं था।

औपनिवेशिक विजेताओं ने अमेरिका, अफ़्रीका और एशिया में बहुत बड़े पैमाने पर लूट मचाई, जनसंहार किया और लोगों को गुलाम बनाया, और अंततः एक ऐसा तंत्र बनाया जो लगातार बड़े शहरों में पैसा पैदा करता रहा जबकि उपनिवेशों[12] को ग़रीब बनाता रहा। इसलिए जैसे कि हम एंगस मेडिसन के शानदार काम[13] को नीचे दिए ग्राफ़ में देख सकते हैं, भारत और चीन जो कि 18वीं शताब्दी तक पूरे विश्व की जीडीपी (सकल घरेलू उत्पाद) का 50 प्रतिशत पैदा किया करते थे, वे नीचे गिरकर अगले दो सौ वर्षों में दस प्रतिशत तक आ गए।

फिर भी, यह धन निकास केवल उपनिवेशों और अर्द्ध-उपनिवेशों से

विश्व जीडीपी का इतिहास (कुल का प्रतिशत, 1990 $ क्रय शक्ति समता पर)

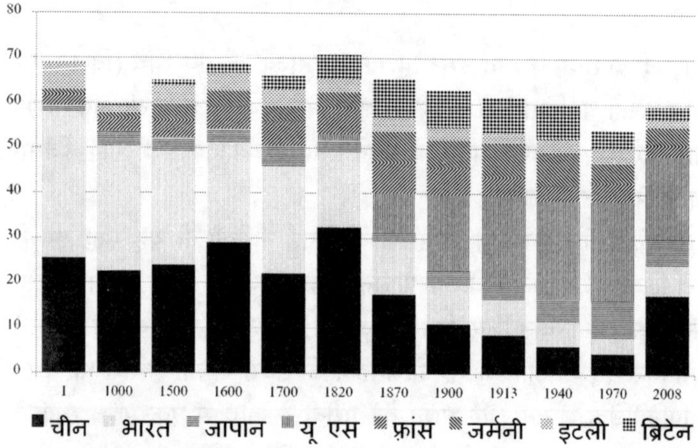

स्रोत : एंगस मैडिसन, यूनिवर्सिटी ऑफ़ ग्रोनिंजेन; *दी इकॉनोमिस्ट*[14]

उपहार या लूट के कारण नहीं हो रहा था। साम्राज्यवाद ने विज्ञान और तकनीक का उपयोग करके एक ऐसे तंत्र का निर्माण किया था, जो एक तरफ़ लगातार उत्पादक शक्तियों का विकास कर रहा था, वहीं दूसरी तरफ़ उपनिवेशों का रक्त भी चूस रहा था। इस तंत्र ने उपनिवेशों में पहले से ही मौजूद विनिर्माण उद्योगों (मैन्युफ़ैक्चरिंग इंडस्ट्रीज) को नष्ट कर दिया और उन्हें बड़े शहरों की अपनी फैक्ट्रियों का सामान बेचने के लिए निष्क्रिय बाज़ार (कैप्टिव मार्केट) में बदल दिया था।

अफ़्रीका से गुलाम व्यापार, औपनिवेशिक भारत और दुनिया के अन्य हिस्सों से लूटपाट ने औद्योगिक क्रांति के लिए आवश्यक पूँजी उपलब्ध कराई या उसे 'वित्त पोषित' किया। जैसा कि मार्क्स ने इंगित[15] किया था, '... पूँजी सर से पाँव तक हर छिद्र से ख़ून और मिट्टी में सनी रिसती हुई आती है।' इसके कारण भारत का बुनकर समुदाय बर्बाद हो गया और साथ ही भारत का वि-औद्योगीकरण हो गया। मार्क्स ने इस विषय पर बहुत ही स्पष्ट रूप से लिखा है,[16]

'वाणिज्य के इतिहास में ऐसी दुर्गति का शायद ही कोई सानी होगा। सूत बुनकरों की हड्डियों से भारत के मैदान बेरंग हो रहे हैं।'

जहाँ पूँजी अति विध्वंसकारी है और थी, जब उसका मेल विज्ञान और तकनीक से हुआ तो उत्पादन प्रक्रिया का लगातार क्रांतिकारी रूपांतरण होता रहा। आज विकास मात्र फ़ैक्टरियों या मशीनों का विकास नहीं है बल्कि इन मशीनों में सन्निहित ज्ञान का विकास भी है।

अम्बेडकर बनाम नेहरू या फिर सुभाष चंद्र बोस बनाम नेहरू के खेल में भाजपा यह चाहेगी कि हम यह भूल जाएं कि ये सभी नेता किस बात के लिए जाने जाते हैं। यह सच है कि इन सभी नेताओं में कार्यनीतियों, अंतर्राष्ट्रीय मुद्दों, संघर्ष के समयकाल आदि को लेकर मतभेद थे। लेकिन जो बात इन्हें एक साथ रखती थी, वो एक धर्मनिरपेक्ष, लोकतांत्रिक भारत का एक बड़ा व्यापक विज़न था, जिसके विकास के लिए विज्ञान और तकनीक की आवश्यकता थी, एक ऐसा विकास जिसमें सभी वर्गों के लोगों को शामिल होना था।

कांग्रेस अध्यक्ष के रूप में बोस ने 1938 में एक योजना समिति बिठाई और वह चाहते थे कि नेहरू इसका मार्गदर्शन करें। वह भी इस बात में उतना ही विश्वास करते थे जितना कि नेहरू किया करते थे, कि योजना का ऐसा ढाँचा होना चाहिए जो आज़ाद भारत की सरकार का मार्गदर्शन कर सके। अक्टूबर क्रांति के बाद नियोजित विकास के लिए वे दोनों ही रूसी प्रयोगों से प्रेरणा पाते थे। आज़ादी के बाद योजना आयोग ने योजना समिति के विज़न को आगे बढ़ाया ताकि वे अंग्रेजों के द्वारा छोड़े गए ग़रीबी और असमानता के दोहरे बोझ से पार पा सकें।

राष्ट्रीय आंदोलन के लिए आज़ादी का अर्थ मात्र औपनिवेशिक शासकों को निकाल बाहर करना नहीं था अपितु लोगों का विकास करना भी था। आज़ादी सही मायने में तभी हासिल होती जब भारत विकसित हो पाता और ग़रीबी, बहुत ही ख़राब जीवन प्रत्याशा, और निरक्षरता से आज़ाद हो पाता जो कि ब्रितानवी औपनिवेशिक शासन पीछे छोड़ गया था।

जवाहरलाल नेहरू, सुभाष चंद्र बोस और भीमराव अम्बेडकर की नज़र में, भारत में योजना और एक सार्वजनिक सेक्टर बनाना केवल उद्योग और कृषि के पुनर्जीवन के लिए आवश्यक नहीं था, बल्कि इसलिए भी जरूरी था कि विकास के लाभों का पुनर्वितरण भारत के सभी वर्गों के लोगों में किया जा सके। वे राष्ट्र की उत्पादक ताक़तों का विकास करना चाहते थे जिनका आधार वैज्ञानिक ज्ञान हो, और शिक्षा द्वारा लोगों की वैज्ञानिक क्षमता का विकास कर वे राष्ट्र के सबसे बड़े संसाधन का विकास करना चाहते थे।

आज़ादी के बाद, वैज्ञानिक और प्रौद्योगिकीय क्षमताओं का विकास भारत राज्य की प्राथमिकता थी। इसलिए केंद्रीय वैज्ञानिक और औद्योगिक अनुसंधान प्रयोगशाला, पाँच भारतीय प्रौद्योगिकी संस्थान (आईआईटी), भारतीय सांख्यिकी संस्थान (आईएसआई) और बहुत सारे वैज्ञानिक संस्थान बनाए गए। केवल सार्वजनिक सेक्टर का ही निर्माण नहीं किया गया; लोगों में निवेश भी किया गया। जब दामोदर वैली कॉरपोरेशन बनाया गया था तो पचास से भी अधिक इंजीनियरों को टेनेसी वैली अथॉरिटी भेजा गया था। उन्होंने ही भारत के ऊर्जा क्षेत्र के केंद्र का गठन किया। इसके बाद फिर से एक समूह को यूएस स्टील भेजा गया ताकि वे स्टील उद्योग के बारे में सीख सकें; इन्होंने स्टील अथॉरिटी ऑफ़ इंडिया का मुख्य संचालन किया। इन्फॉर्मेशन टेक्नॉलोजी का इतिहास उसकी विस्फोटक उन्नति में आईआईटी, आईएसआई, ईसीआईएल और अन्य पब्लिक सेक्टर के ढाँचों की भूमिका को दर्शाता है।

भारत ने राज्य का इस्तेमाल अपने इंफ्रास्ट्रक्चर/अधिसंरचना के निर्माण के लिए भी किया। भारतीय पूँजी[17] द्वारा सूत्रबद्ध बॉम्बे प्लान से शुरू होने वाली एक आम सहमति थी कि विकास के लिए इंफ्रास्ट्रक्चर की आवश्यकता है, और केवल भारतीय राज्य के पास वो क्षमता है कि वो उस स्तर पर इंफ्रास्ट्रक्चर का विकास करे जिसकी भारत को तेज़ विकास के लिए आवश्यकता है। और यही सहमति थी जिसे आने वाली पंचवर्षीय योजना में आकार मिला।

बहुत सारे लोग नेहरू को आज़ादी के बाद भारत द्वारा अपने ज़िम्मे उठाए

गए जल विद्युत परियोजनाओं का जनक मानते हैं। जहाँ नेहरू बहुउद्देश्यीय सिंचाई और जल विद्युत परियोजनाओं के समर्थक थे, वहीं लोग यह भूल जाते हैं कि बहुउद्देश्यीय परियोजनाओं – जिनमें सिंचाई और विद्युत उत्पादन शामिल है – तथा एक एकीकृत राष्ट्रीय ग्रिड का विकास अम्बेडकर ने किया था। अम्बेडकर ने यह सबसे पहले 1942–46 में वाइसरॉय की कैबिनेट में श्रम, सिंचाई और ऊर्जा के प्रभारी सदस्य के रूप में किया था; और बाद में 1948 में क़ानून मंत्री के रूप में बिजली क़ानून को बनाकर और प्रस्तावित करके किया था। विद्युत उत्पादन और एक राष्ट्रीय ग्रिड का विकास औद्योगिकीकरण का आधार था, वह मानते थे और उन्होंने देखा था कि 'औद्योगिकीकरण ही मात्र एक सुनिश्चित साधन था लोगों को ग़रीबी के चिरकालिक दुष्चक्र से निकालने का।'

बिजली को आवश्यकता (न कि लाभ कमाने के लिए एक बाज़ारू वस्तु) के रूप में देखने का अम्बेडकर का यह विज़न 1948 में बिजली क़ानून का आधार बना।[18] इस विज़न को भाजपा और कांग्रेस द्वारा 2003 में नया विद्युत क़ानून बनाकर तबाह कर दिया गया। यह तथ्य कि विद्युत सेक्टर को विखंडित करने की ज़मीन कांग्रेस की निजीकरण की और ग्रिड को खंड-खंड करने की नीतियों ने तैयार की, भारत को लेकर उसके विज़न और आज़ादी के आंदोलन से लेकर आज तक की उसकी यात्रा के बारे में बहुत कुछ कहता है। जहाँ तक भाजपा का सवाल है, उन्होंने कभी भी नेहरूवादी या फिर अम्बेडकरवादी योजना तथा अर्थव्यवस्था के नज़रिए का समर्थन नहीं किया। इसलिए विद्युत सेक्टर को लेकर उसका नज़रिया हैरान नहीं करता।

नकली राष्ट्रवाद या भारत में भाजपा का ढोंग

प्रौद्योगिकी का विकास करने के लिए आज़ाद भारत ने अपने सामने आत्मनिर्भरता – या मेड इन इंडिया (भारत में ही निर्माण) – का लक्ष्य रखा। प्रौद्योगिकी के क्षेत्र में आत्मनिर्भरता के लक्ष्य को कुछ नीतियों के द्वारा बल प्रदान किया गया

जिनमें इस बात पर ज़ोर दिया गया था कि सभी प्रौद्योगिकीयों को भारतीय सत्ता को हस्तांतरित कर दिया जाए। यह मात्र एक दिखावटी क़वायद नहीं थी। किसी भी प्रौद्योगिकीय सहयोग प्रक्रिया को शुरू करने के लिए, हर कंपनी को एक विस्तृत देशीकरण कार्यक्रम जमा करना पड़ता था। आत्मनिर्भरता की इस नीति में ज्ञान के हस्तांतरण का उतना ही महत्व था जितना आयात की गई मशीनरी और संयंत्र का था।

इसके विपरीत हम शिक्षा और अनुसंधान संस्थानों तथा तर्क और विज्ञान पर, विज्ञान और इतिहास का भेस धरे मिथक और पागलपन के, पुष्पक विमानों और खगोलीय पिंड-भ्रमण के, महाभारतीय आनुवांशिकी के, दसावतार[19] के विकास-सिद्धांत के लगातार हमले देख रहे हैं। उनके लिए उद्देश्य है एक 'राष्ट्रवादी' भारत जिसका आधार धार्मिक पहचान हो। इसलिए तर्क और इतिहास को ध्वस्त करने की आवश्यकता है; एक बहुसंख्यकवादी भारत जिसमें अल्पसंख्यकों के बहुत कम अधिकार हों; एक भारत जिसमें तर्क पुराने और नए दोनों ही मिथकों के सामने घुटने टेक दे; जहाँ क़ाबिलियत का अर्थ हो धन-दौलत और जाति।

आज़ादी के आंदोलन के मूल में मौजूद, राष्ट्र-राज्य को एक नियोजित विकास के यंत्र के रूप में देखने के व्यापक विज़न से आरएसएस ने कभी इत्तेफ़ाक़ नहीं रखा। आरएसएस सदा ही पूरी कटुता से नियोजित विकास और सार्वजनिक सेक्टर का विरोध करता रहा तथा उसने भारत के संसाधनों की योजना और राष्ट्रीयकरण को अपवित्र 'समाजवाद' माना। वे भारत को पूरी तरह से बाज़ार की ताक़तों पर छोड़ देना चाहते थे और चाहते थे कि वैश्विक पूँजी का निरंकुश प्रवेश हो। राज्य की ज़िम्मेदारी मात्र इतनी थी कि भारतीय पूँजी विदेशी पूँजी के साथ बेहतर मोल-भाव करे; दूसरे शब्दों में कहें तो वही याराना पूँजीवाद (क्रोनी कैपिटलिज्म) जिसे हम आजकल हरकत में देख रहे हैं। इसीलिए मोदी ने योजना आयोग को हटाकर नीति आयोग नामक दंतहीन थिंक टैंक बनाया।

इसीलिए वह पब्लिक सेक्टर (सार्वजनिक क्षेत्र) को अपने दोस्ताना पूँजीवादियों को बेचकर ख़त्म कर रहे हैं और विदेशी पूँजी को 'मेक इन इंडिया' के नारे से आमंत्रित कर रहे हैं। यह धोखे की यात्रा है – आत्मनिर्भरता (सेल्फ-रिलायंस) से बस रिलायंस तक!

विशुद्ध आत्मनिर्भरता के विचार और मेक इन इंडिया के वर्तमान खोखले नारे के बीच में यह फ़र्क़ है : एक ज्ञान के हस्तांतरण और फिर उस ज्ञान के और आगे विकास पर ज़ोर देता है; मोदी संस्करण वैश्विक पूँजी को भारत के सस्ते श्रम का दोहन करने का न्योता देता है और साथ ही विभिन्न प्रकार के टैक्सों में छूट, सब्सिडियां तथा वास्तव में मुफ़्त में ज़मीन भी उपलब्ध कराता है। हिंदुत्व के बहिष्कारवादी राष्ट्रवाद की नज़र में, भूमि राष्ट्र है; केवल भूमि ही शुद्ध है : जैसा सावरकर का कहना था – पुण्यभूमि और पितृभूमि। इसीलिए दीनदयाल उपाध्याय[20] को उद्धृत करते हुए मोदी ने हाल में ही कहा था कि मुसलमानों को पूरी तरह से भारतीय बनाने के लिए परिष्कार करने की आवश्यकता है। शायद, वैश्विक पूँजी मात्र भारत में आ जाने से 'परिष्कृत' हो जाती है।

मोदी सरकार इस बात को नहीं समझती कि आज तकनीकी विकास की चाबी लोग और ज्ञान ही हैं। उदाहरण के लिए एपल इंक को लीजिए, जो कि बाज़ार पूँजीकरण (मार्केट कैपिटलाइज़ेशन) के अनुसार दुनिया की सबसे बड़ी कंपनी है। यह 19 देशों की तो जीडीपी[21] से भी बड़ी है। फिर भी, इसकी अपनी कोई एक फ़ैक्टरी भी नहीं है। यह आईफ़ोन और मैक कम्प्यूटर का 'उत्पादन' करता है। एपल यह कैसे करता है? वह डिज़ाइन, सॉफ्टवेयर और एपल ब्रांड का स्वामी है। इसके चलते वह चीन में फ़ॉक्सकॉन पर दबाव डाल सकता है कि बहुत धन के बदले में वह एपल के ब्रांड वाले उत्पादों का निर्माण करे, जैसे कि आईफ़ोन। एक गणना दिखाती है कि एक-एक आईफ़ोन को बेचने के बदले में एपल तीन सौ डॉलर कमाता है, जबकि फ़ॉक्सकॉन को मात्र सात डॉलर मिलते हैं। यह नॉलेज इकॉनोमी की प्रकृति है।

आज विश्व में शीर्ष की पाँच कंपनियां बाज़ार पूँजीवाद[22] के ज़रिए डिजिटल एकाधिकार बनाए हुए हैं। एक बड़ी संख्या में नई कंपनियों का हुजूम उभर रहा है जो कल की इन औद्योगिक एकाधिकार वाली कंपनियों को अपने नियंत्रण में ले रहा है। थ्री-डी प्रिंटिंग के प्रारंभ के साथ ही यह चलन और तेज़ होगा ही, जिसके चलते शायद बहुत बड़े मैन्युफ़ैक्चरिंग प्लांट भी बंद हो जाएं।

कोई हैरानी की बात नहीं है कि मोदी के मेक इन इंडिया के शोर मचाने के बावजूद औद्योगिक उत्पादन के इंडेक्स में, अप्रैल से अगस्त के बीच में औद्योगिक क्षेत्र में बढ़त 0.3 प्रतिशत सिकुड़ी है! इस बात से फ़र्क़ नहीं पड़ता कि उत्पादन कहाँ हो रहा है, फ़र्क इस बात से पड़ता है कि वैश्विक अर्थव्यवस्था में जो विजेता और पराजित का फ़ैसला करता है, क्या वह ज्ञान आपके पास है। लोगों को विकसित करना एक देश के भविष्य के विकास की चाबी है। इसीलिए राष्ट्रवाद जो स्वयं की व्याख्या भूमि से करता है न कि लोगों से, वह अतीत का है।

यह जानना शिक्षाप्रद है कि वि-उपनिवेशीकरण और राष्ट्रीय मुक्ति आंदोलनों का समर्थन न करने तथा साम्राज्यवादी पूँजीवादी शक्तियों के साथ मित्रता करने का विज़न, आरएसएस की विदेश नीति का नज़रिया रहा है : गुट-निरपेक्षता और नियोजन एक ही सिक्के के दो पहलू हैं। इसके बजाय उन्होंने अपवित्र कम्युनिस्टों और मुसलमानों के ख़िलाफ़ ईसाईयों (पढ़ें, पूर्व औपनिवेशिक ताक़तें और यूएस), यहूदी (पढ़ें, यहूदीवाद और इज़राइल), और हिंदुओं के एक पक्ष होने की बात की।

कुछ समुदायों, ख़ास जातियों और अल्पसंख्यकों पर हमला मात्र पथभ्रष्टता नहीं है। यह आरएसएस, भाजपा और उसके विभिन्न मोर्चों की सोच का मूल है। ये सब हमले तब हो रहे हैं जब भारत उतनी ही ग़ैर-बराबरी वाला हो गया है जितना वो ब्रितानियों के समय में था, या कि जैसे फ़्रांसीसी अर्थशास्त्री पिकेटी कहते हैं : ब्रिटिश राज से बिल्यनेर[23] राज तक; जहाँ नौ परिवारों के पास आधे से ज़्यादा भारतीयों[24] के बराबर धन-संपदा है। ये सारे हमले उन मौलिक अधिकारों पर हो रहे हैं जो हमारे संविधान में सन्निहित हैं जिसमें आर्थिक लोकतंत्र भी शामिल है।

इसलिए हमें लड़ना होगा, यह उस संप्रभु, समाजवादी और धर्मनिरपेक्ष गणराज्य के लिए हमारा युद्ध होगा जिसके लिए हमने स्वतंत्रता आंदोलन के दौरान भी संघर्ष किया।

संदर्भ और टिप्पणियाँ

1 बाबासाहेब अम्बेडकर, 'द ग्रामर ऑफ़ एनार्की', संविधान सभा में दिया गया भाषण, 25 नवंबर, 1949 (https://speakola.com/political/babasaheb-ambedkar-grammar-of-anarchy-1949)

2 *Kesavananda Bharati vs. State of Kerala*, 1973 (http://www.nja.nic.in/Concluded_Programmes/2018-19/P-1110_PPTs/6.Doctrine%20of%20Basic%20Structure.pdf)

3 गुजरात में 2015 में पटेल समुदाय द्वारा आरक्षण की माँग को लेकर चलाए गए आंदोलन के दरम्यान, आरएसएस प्रमुख मोहन भागवत ने कहा था कि आरक्षण नीति की समीक्षा होनी चाहिए। उन्होंने अगस्त, 2019 में यही बात फिर से दोहराई।

4 मनु गोस्वामी, *प्रोड्यूसिंग इंडिया : फ्रॉम कलोनियल इकॉनोमी टु नेशनल स्पेस*, यूनिवर्सिटी ऑफ़ शिकागो प्रेस, 2004

5 गोलवलकर, *वी ऑर आवर नेशनहुड डिफाइंड*, पृ. 116

6 जोहान कासपर ब्लूंशली, द *थ्योरी ऑफ़ स्टेट*। यह जर्मन भाषा में 1875 में प्रकाशित हुई और अंग्रेज़ी में इसका अनुवाद 1895 में हुआ। (https://socialsciences.mcmaster.ca/~econ/ugcm/3ll3/bluntschli/TheState.pdf)

7 अलसास लोरेन, जिसे अब अलसास मोजेल कहा जाता है, ने फ्रांस और जर्मनी के बीच तीन युद्ध देखे, 1870–71 का फ्रांसीसी-जर्मन युद्ध, और दो विश्व युद्ध।

8 डॉक्ट्रिन ऑफ़ डिस्कवरी से उद्धरण, अपस्टैंडर प्रॉजेक्ट। (https://static1.squarespace.com/static/54f8b4cfe4b0b230c7abfe97/t/56f162baf699bb3c4bac74fd/1458660026512/Doctrine+Inter+Caetera+EXCERPT+March2016.pdf)

9 लुई मरी दियोमेज, 'द ट्रूथ अबाउट व्हाट स्लेवरी डिड टु अफ्रीका', *ल मोंद दिप्लोमतिक*, दिसंबर,

2017। (https://mondediplo.com/2007/12/15slavery)

10 लोकसभा में अपने पहले भाषण में, मोदी ने 1,200 वर्षों की गुलामी का उल्लेख किया था। हसन सुरूर ने 'चैनिंग 1,200 ईयर्स' में इसका उल्लेख किया था, 7 जुलाई 2014 (https://www.outlookindia.com/magazine/story/chaining-1200-years/291200)

11 रावसाहेब कसबे की मराठी में प्रकाशित पुस्तक झोत, जिसका अब अंग्रेज़ी में डिकोडिंग द आरएसएस के नाम से अनुवाद हुआ है, आरएसएस के संस्थापकों के अंदर गहरे तौर पर समाये जातिवादी विचारों को उघाड़ कर रख देती है। जब यह पहली बार मराठी में प्रकाशित हुई थी, तो आरएसएस के काडर ने पुणे में इसकी सार्वजनिक रूप से होली जलाई थी। (https://mayday.leftword.com/decoding-the-rss.html)

12 प्रो. उत्सा पटनायक द्वारा किए गए शोध के अनुसार ब्रिटेन अपने औपनिवेशिक शासन के दौरान भारत से 44 ट्रिलियन डॉलर निकाल ले गया था। (https://cup.columbia.edu/book/agrarian-and-other-histories/9789382381952)

13 एंगस मैडिसन, *कॉन्टुर्स ऑफ़ द वर्ल्ड इकॉनोमी 1-2030 ईस्वी*, ऑक्सफोर्ड यूनिवर्सिटी प्रेस, दिसंबर, 2007।

14 'मोर 2,000 इयर्स इन अ सिंगल ग्राफ़िक', द *इकॉनोमिस्ट*, 20 जून 2012 (https://www.economist.com/graphic-detail/2012/06/20/more-2000-years-in-a-single-graphic)

15 *कैपिटल*, वॉल्यूम 1, चैप्टर 31 (https://www.marxists.org/archive/marx/works/1867-c1/ch31.htm)

16 *कैपिटल*, वॉल्यूम 1, चैप्टर 15 (https://www.marxists.org/archive/marx/works/1867-c1/ch15.htm)

17 अमल सान्याल, 'द बॉम्बे प्लान : द इंडस्ट्रीयलिस्ट बिहाइंड इंडियाज़ फ़र्स्ट नेशनल इकॉनोमिक प्लान', 15 नवंबर 2018। (https://qz.com/india/1464869/the-story-of-jrd-tata-gd-birlas-bombay-plan-for-india)

18 बिजली पर पॉलिसी कमेटी में दिया गया अम्बेडकर का अध्यक्षीय भाषण, *अम्बेडकर कॉन्ट्रीब्यूशन टु वाटर रिसोर्सेज़ डिवेलपमेंट*, सं. सुखदेव थोराट, सेंट्रल वाटर कमीशन, 1993, पृ. 50 (http://cwc.gov.in/sites/default/files/ambedkars-book_1.pdf)

19 106वीं भारतीय विज्ञान कांग्रेस, जनवरी, 2019 को आंध्र यूनिवर्सिटी के कुलपति जी. नागेश्वर राव का भाषण। (https://www.firstpost.com/tech/science/theory-of-evolution-

from-dashavatar-superior-to-darwins-andhra-university-vc-5842761.html)

20 दीनदयाल उपाध्याय की 50वीं जयंती के अवसर पर मोदी ने कहा था, 'पचास वर्ष पहले, पंडित उपाध्याय ने कहा था 'मुसलमानों को पुरस्कृत नहीं करें, उनको तिरष्कृत नहीं करें बल्कि उनका परिष्कार करें।' (http://indianexpress.com/article/opinion/columns/hindutvas-purification-drive-muslims-india-islam-caste-system-3079478/)

21 http://www.londonlovesbusiness.com/business-news/tech/apples-record-value-is-bigger-than-all-but-19-countries-gdp/9751.article

22 http://dogsofthedow.com/largest-companies-by-market-cap.htm

23 लुकास चांसल और थॉमस पिकेटी, *इंडियन इनकम इनिक्वालिटी, 1922–2015 : फ्रॉम ब्रिटिश राज टु बिल्यनेर राज?*, जुलाई 2017 (https://wid.world/document/chancelpiketty2017widworld/)

24 ऑक्सफ़ेम की असमानता से संबंधित रिपोर्ट, 'पब्लिक गुड या प्राइवेट वेल्थ, द इंडिया स्टोरी', 21 जनवरी 2019 (https://www.oxfamindia.org/sites/default/files/Davos-India-Supplement.pdf)

4.

सामाजिक क़रार से परे

रोहित डे

संविधान को नीचे से देखने का नज़रिया यह बताता है कि वह 1950 में एक सभा द्वारा तैयार किया गया दस्तावेज़ भर नहीं, बल्कि नागरिकों और राज्य के बीच एक निरंतर संवाद है। भारतीय संविधान राज्य की पहुँच और अधिकार में तो ज़बर्दस्त विस्तार करता है – इस मायने में कि वह नागरिक आज़ादियों को स्वीकार्य पाबंदियों के दायरे में रखता है – पर विधेयकों, अध्यादेशों, नियमों और प्रशासनिक कार्रवाइयों की न्यायिक समीक्षा का प्रावधान कई मायनों में बहुत क्रांतिकारी रहा है। उसने नागरिकों को राज्य की किसी कार्रवाई को चुनौती देने का अधिकार दिया, यह ज़रूर है कि जब नागरिकों ने वाक़ई चुनौती देने का विकल्प चुनना शुरू किया तो संविधान के संस्थापकों को ही परेशानी होने लगी।

1950 के दिसंबर महीने में उत्तर प्रदेश के छोटे से शहर जलालाबाद में एक युवा सब्ज़ी विक्रेता मोहम्मद यासीन के सामने एक मुश्किल आ खड़ी हुई। उसे पता चला कि शहर की नगर पालिका ने वहाँ नए तरह के उपनियम लागू कर दिए हैं और उसने विभिन्न वस्तुओं को बेचने के लिए एक तो लाइसेंस ज़रूरी कर दिया है

और फिर शहरी इलाक़े में सब्ज़ियाँ बेचने के लिए केवल एक ही लाइसेंस जारी किया है। यह लाइसेंस बिशंभर पंत नाम के एक शख़्स को दिया गया था और इस तरह से उसे जलालाबाद में सब्ज़ी के व्यापार पर एकाधिकार मिल गया था। अब यासीन और उसकी तरह बाक़ी सब्ज़ी बेचने वालों के पास यही विकल्प था कि वे पंत को पैसा दें और सब्ज़ियाँ बेचें। यासीन ने इसके ख़िलाफ़ सुप्रीम कोर्ट में याचिका दायर की और यह आग्रह किया कि वह शहर समिति को यह निर्देश जारी करे कि याचिकाकर्ता को उसका व्यापार करने से रोका न जाए।

यह रिट याचिका एक ऐसे आदेश के लिए होती है जो किसी ऊपरी अदालत द्वारा निचली अदालत या किसी सरकारी अधिकारी को दिया जाता है ताकि वह अपनी अनिवार्य अथवा प्रशासनिक ज़िम्मेदारियों का निर्वहन सही तरीक़े से करे। उसके वकील ने दलील दी कि नया नियम न केवल बनाए गए क़ानून के अधिकार के दायरे से बाहर था, यानी वह पालिका के अधिकारों से परे जाता था, बल्कि वह भारत के संविधान द्वारा प्रदत्त व्यापार व व्यवसाय करने के यासीन के अधिकारों का भी हनन करता था।

एक छोटे से शहर के सब्ज़ी व्यापारी होने के तौर पर देखा जाए तो यासीन एक अदना सा शख़्स था जिसके चारों तरफ़ भारत के इतिहास की महान गाथाएं गढ़ी जा रही थीं – आज़ादी, विभाजन, चुनाव और विभिन्न रियासतों का भारत में विलय वगैरह। लेकिन यहाँ महत्वपूर्ण बात यह है कि यासीन उन कुछ पहले भारतीयों में से एक था जिन्होंने ख़ुद को भारतीय सुप्रीम कोर्ट के सामने 'अधिकार संपन्न नागरिक' के तौर पर पेश किया और इस नई संवैधानिक व्यवस्था से ही यासीन के सामने मौजूद परेशानी और उसका समाधान, दोनों ही उपजे हैं।

यह नई संवैधानिक व्यवस्था आख़िर उपजी कहाँ से? संवैधानिक पाठ यह घोषित करता है कि इसके अधिकार का स्रोत – 'हम भारत के लोग हैं ... जिन्होंने इस संविधान को रचा है, अपनाया है और ख़ुद को सौंपा है।' यह वाक़ई एक सुविधाजनक कल्पना है। 'लोगों' की इसको तैयार करने की प्रक्रिया में

सीमित भूमिका थी। इसकी विषय वस्तु संविधान सभा के सदस्यों ने लिखी, जिन्हें उन प्रांतीय विधानमंडलों ने मनोनीत किया था जो ख़ुद विभाजन से पहले सीमित मताधिकार के आधार पर चुने गए थे। संविधान-निर्माण की इस मोटे तौर पर कुलीन प्रक्रिया में 'लोगों' के विचार कम ही थे।

अब यह दलील दी जा सकती है कि उपरोक्त व्याख्या बड़ी निष्ठुर क़िस्म की है। संविधान को उसकी प्रमाणिकता संविधान सभा में भारतीय राष्ट्रीय कांग्रेस के प्रभुत्व से मिलती है, जो उस समय भारत की सबसे बड़ी राजनीतिक पार्टी थी और उसे आज़ादी के जन संघर्ष में अग्रदल या हरावल दस्ते के तौर पर देखा जाता था। कांग्रेस पार्टी व उसके नेता 'लोगों' की तरफ़ से बोलते थे और प्रमाणिकता का उसका दावा 1952 में व्यापक वयस्क मताधिकार की बदौलत हुए पहले आम चुनावों में उसकी ज़ोरदार जीत से साबित भी हुआ था। लेकिन क्या संविधान की प्रामाणिकता की जड़ें चुनावों से प्रमाणित होने वाले एक सामाजिक क़रार की कल्पना में ही निहित हैं? संवैधानिक पाठ यह तो संकेत देता है कि संविधान 'लोगों' को कैसे देखता है, लेकिन वह इस बात को कैसे स्पष्ट करेगा कि 'लोग' संविधान को कैसे देखते हैं?

उत्तर-औपनिवेशिक भारतीय राज्य के बारे में लिखने वाले राजनीति-वैज्ञानिक इस दावे के लेकर हमेशा से आशंकित रहे हैं कि भारतीय संविधान ने एक नई व्यवस्था की शुरुआत की थी। ग्राम्शी की 'निष्क्रिय क्रांति' की धारणा के आधार पर वे यह संकेत देते रहे हैं कि आज़ादी और चुनावों के बावजूद औपनिवेशिक शासन और भारतीय गणतंत्र के दरम्यान एक हद तक निरंतरता रही है। उनकी इस दलील के पीछे व्यापक स्तर के वे सामाजिक व आर्थिक बदलाव लाने में उत्तर-औपनिवेशिक राज्य की विफलता प्रमुख वजह थी जिसका उसने वादा किया था।[1] उनका कहना था कि नए नेतृत्व में जिस उभरते बुर्जुआ वर्ग का प्रभुत्व था, उसमें उन सामाजिक स्थितियों का अभाव था जिनसे वह नए राष्ट्र पर एक संपूर्ण नेतृत्व स्थापित कर पाता। इसलिए उसने पुराने प्रभुत्वशाली वर्ग के साथ ही एक तालमेल बना लिया और लोकप्रिय जनमत का आंशिक

रूप से ही विनियोजन किया (चुनावों के द्वारा)।[2] यही कारण था कि वेबर की तार्किकता के साथ सहज कुलीनों और उन आम लोगों के बीच एक दरार बनती गई, जिनका रोज़मर्रा का विमर्श औपचारिक तार्किकता से संरचित नहीं था। इससे यह स्पष्ट हो जाता है कि राज्य अपनी नीतियों को सफलतापूर्वक लागू कर पाने में क्यों विफल रहा।

एक पारंपरिक समझ यही है कि ज़्यादातर नागरिक इन कुलीन संवादों से पूरी तरह से बाहर ही रहे और वे उसकी शर्तों से हैरान ही रहते थे। हालाँकि नेहरू जैसे शख़्स इस बात से वाक़िफ़ थे और वे निरंतर राज्य के कामकाज और लोकतांत्रिक राजनीति को लोगों को समझाने की कोशिश करते रहते थे। लेकिन वे भी अपनी ख़ुद की अवधारणात्मक भाषा, और अंग्रेज़ी की बोधगम्यता की सीमाओं में जकड़े रहते थे।[3]

यह समझ मान कर चलती है कि लोगों को संवाद में जोड़ने की ज़िम्मेदारी राज्य की है। लेकिन संवैधानिक याचिकाएँ वे ज़रिया बनीं जिससे लोगों ने ख़ुद को राज्य के साथ एक संवाद में उतारा। संविधान को नीचे से ऊपर देखने वाले नज़रिये की प्रकृति ही ऐसी है कि उसे 'ऊंची राजनीति' की महान विस्तृत गाथाओं द्वारा नहीं पकड़ा जा सकता, बल्कि वह व्यक्तिगत मामलों की बारीकियों से छनकर नीचे तक पहुँचता है। लिहाज़ा, हम इस आलेख को फिर से यासीन के मामले की ओर मोड़ते हैं ताकि यह समझें कि कैसे संविधान रोज़मर्रा की ज़िंदगी में प्रवेश करता है।

भारतीय संवैधानिक संरचना की तुलना अक्सर अमेरिका से की जाती है, लेकिन उसके विपरीत यह राज्य की निरंकुशता से व्यक्तिगत अधिकारों की सुरक्षा करने के सवाल पर केंद्रित नहीं थी, बल्कि यह अपेक्षा करती थी कि राज्य को उन अधिकारों से लैस किया जाए ताकि वह उस तरह के सामाजिक व आर्थिक बदलाव ला सके जिनका वादा कांग्रेस के नेतृत्व वाले राजनीतिक संघर्ष में किया गया था। लिहाज़ा, अधिकार सीमित थे। उदाहरण के तौर पर, संविधान में जो स्वतंत्रता का अधिकार दिया गया था उसे 'भारत की संप्रभुता व अखंडता

के हित में, राज्य की सुरक्षा के हित में, विदेशी सरकारों से दोस्ताना रिश्तों के हितों में, सार्वजनिक व्यवस्था, शिष्टाचार या नैतिकता को ध्यान में रखते हुए या अदालतों की अवमानना, मानहानि अथवा किसी अपराध को भड़काने के संदर्भ में' स्वीकार्य पाबंदियों के अनुरूप ही रखा गया।[4]

सामाजिक व आर्थिक न्याय प्रदान करने और आय की विसंगतियाँ कम करने के प्रति आम प्रतिबद्धता के अलावा उसमें कई ख़ास प्रतिबद्धताएँ भी थीं, जैसे कि सामाजिक सुरक्षा की व्यवस्था खड़ी करना, सभी समुदायों के लिए एक समान आचार संहिता तैयार करना, संपत्ति का पुनर्वितरण करना, नशीले पेय व ड्रग्स को प्रतिबंधित करना और यहाँ तक कि 'आधुनिक व वैज्ञानिक तरीक़े से कृषि व पशुपालन को संचालित करना, पशुओं की नस्लों को सुधारना और गायों, बछड़ों व अन्य दुधारू पशुओं, मवेशियों के वध पर पाबंदी लगाना।'[5] आधुनिकीकरण, औद्योगीकरण और सेकुलिरज्म के इस एजेंडे ने संघीय सरकार की ताक़तों में ज़बर्दस्त इज़ाफ़ा कर दिया। संविधान ने राज्य को राष्ट्रीयकरण व नियमन के ज़रिये एक 'नियंत्रित अर्थव्यवस्था' खड़ी करने के लिए अधिकृत कर दिया।

जलालाबाद के वे उपनियम अर्थव्यवस्था को सरकारी नियंत्रण में लाने के एक बड़े क़दम का हिस्सा थे, जिसमें राजस्व बढ़ाने और बाज़ार को नियमित करने के इरादे से व्यक्तिगत अधिकारों में कटौती की जा सकती थी। शहर समिति ने महसूस किया कि कई सारे अलग-अलग सब्ज़ी विक्रेताओं से निबटने के बजाय सब्ज़ियों के लिए किसी एक कांट्रेक्टर को नियुक्त करना ज़्यादा कारगर रहेगा। शासन का यह स्वरूप उस समय व्यापक प्रचलन में था। 1958 में न्याय-प्रशासन पर विधि आयोग की रिपोर्ट में कहा गया कि 'डेढ़ सौ साल के विदेशी शासन में देश जड़ हो गया था और अब हमारी विधायिका देश को हर दिशा में आगे बढ़ाने की कोशिश कर रही है। अब जल्द नतीजे हासिल करने की भरसक कोशिश में उन्होंने कई बार ऐसे क़ानून बनाए हैं जो नागरिकों के ज़रूरी व रोज़मर्रा के कामकाज में दखल देते हैं।'[6]

जहाँ संविधान ने राज्य की पहुँच व अधिकार का ज़बर्दस्त विस्तार कर दिया, वहीं संविधान रचने वालों ने न्यायिक रूप से प्रवर्तनीय अधिकारों की गुंजाइश रखी और विधेयकों, अध्यादेशों, नियमों व प्रशासनिक कार्रवाई की न्यायिक समीक्षा का प्रावधान रखा। आश्चर्यजनक रूप से यह क़दम ग़ैर-विवादित रहा और ऐसा शायद इस वजह से था कि औपनिवेशिक भारत में कार्यपालिका शाखा के कामकाज में न्यायिक दख़ल की कोई मज़बूत परंपरा नहीं रही थी।[7]

विधायी व प्रशासनिक कामकाज के ऊपर हासिल यह नई न्यायिक सत्ता कई मायनों में बहुत क्रांतिकारी थी। भारत के इतिहास में पहली बार प्रशासनिक कार्रवाई को अदालतों में चुनौती देने के व्यापक आधार थे। उसे न केवल अधिकारों के उल्लंघन के आधार पर चुनौती दी जा सकती थी, बल्कि उच्च न्यायालयों को यह अधिकार भी दिए गए थे कि वे 'किसी भी अन्य उद्देश्य' के लिए सरकार के ख़िलाफ़ रिट व आदेश जारी कर सकें।[8] रिट एक तरह की राहत थी जो किसी भी क़ानूनी अदालत द्वारा जारी की जा सकती थी। संविधान के प्रभावी होने से पहले रिट जारी करने का अधिकार-क्षेत्र केवल तीन उच्च न्यायलयों – कलकत्ता, मद्रास व बॉम्बे – को ही था और वह शहरी सीमाओं में निवास करने वाले व्यक्तियों तक सीमित था।[9] फिर, औपनिवेशिक भारत में सरकार अभियोजन से संरक्षित थी। तमाम तरह के सुरक्षा कवच देने वाले अनुच्छेदों के कारण यह ज़रूरी था कि सरकारी अधिकारियों के ख़िलाफ़ किसी भी तरह की कार्यवाही शुरू किए जाने से पहले गवर्नर जनरल की मंज़ूरी ली जाए। साथ ही, अदालतों द्वारा सरकारी आदेशों की वैधता की जाँच करने पर भी रोक थी।[10]

नए संविधान और सरकार के विस्तार ने भारतीय अदालतों के सामने मामलों की कतार जैसी लगा दी। अनुच्छेद 32 और 226 ने अदालतों को सरकार को निर्देश जारी करने के व्यापक अधिकार दे दिए। ज़्यादा कोर्ट फ़ीस वाले नियमित दीवानी मामले की तुलना में इनका ख़र्च भी कम था। फिर, सबसे ज़्यादा ज़रूरी बात तो यह थी कि घनघोर देरी वाली न्यायिक प्रणाली में रिट

याचिकाओं को बाक़ी सभी तरह के मामलों के ऊपर प्राथमिकता मिल जाया करती थी।[11] संविधान के लागू होने से पहले, जलालाबाद के निवासी यासीन के पास शहर समिति के ख़िलाफ़ रिट याचिका दाख़िल करने की कोई गुंजाइश नहीं होती और इसलिए उसके लिए कोई न्यायिक राहत पाना बड़ा ही मुश्किल काम होता।

जो लोग यह दलील देंगे कि संस्थापकों ने ख़ुद ही तो इस संभावना को सुनिश्चित किया था कि नागरिक, अदालतों के ज़रिये राज्य पर नियंत्रण स्थापित कर सकें, उन्हें उन घटनाओं को भी देखना चाहिए कि जब संविधान बनाने वालों का ही संवैधानिक याचिका से सामना हुआ तो उनका व्यवहार कैसा रहा। जब न्यायिक चुनौतियां मिलने लगीं तो संविधान सभा ने संविधान को लागू करने के कुछ ही महीनों के भीतर उसे संशोधित करना शुरू कर दिया ताकि उसके कुछ हलकों को न्यायिक दख़ल से परे सुरक्षित बनाया जा सके। मुक़दमेबाज़ी की प्रवृत्ति को सरकार ने भी अच्छी-ख़ासी चेतावनी के तौर पर लिया और उसने मुक़दमा करने वालों को प्रगति के रास्ते में अड़ंगा लगाने वाले निहित स्वार्थी तत्वों के रूप में चिह्नित किया। नेहरू ने कहा, 'हमने एक शानदार संविधान तैयार किया ... जिसे वकीलों ने अपहृत करके अपने क़ब्ज़े में कर लिया।'[12]

दीपेश चक्रवर्ती आज़ादी की लड़ाई में अपनाए गए राजनीतिक तरीक़ों के प्रति नेहरूवादी राज्य के रवैये की पड़ताल करते हुए आज़ादी के बाद हुए अराजनीतिक व्यवहार के आदर्शीकरण का ख़ुलासा करते हैं। औपनिवेशिक भारत में क़ानून तोड़ने या गांधीवादी सिविल नाफ़रमानी को विरोध के एक वाजिब तरीक़े के तौर पर माना गया, लेकिन अब जबकि भारत एक आज़ाद देश था और व्यापक वयस्क मताधिकार के ज़रिये प्रतिनिधित्व के लोकतांत्रिक सिद्धांत पर आधारित था, तो सरकार द्वारा इस तरह की हरकतों को नाजायज़ माना जा रहा था। लेकिन कालांतर में, 'अव्यवस्था और क़ानून के प्रति असम्मान की संस्कृति' भारतीय लोकतंत्र का एक अभिन्न अंग बन गई और आज कोई भी राजनीतिक दल सड़कों की राजनीति किए बिना और आज़ादी के समय

अपनाई गई नागरिक अवज्ञा की रणनीतियों पर चले बग़ैर अपना अस्तित्व नहीं बचा सकता।[13] दीपेश दलील देते हैं कि ऐसा इस वजह से है क्योंकि यूरोप के विपरीत भारत में 'संप्रभुता, अनुशासनात्मक प्रभुत्व और नियामक शक्ति के आधुनिक मिश्रण का वर्चस्व' क़ायम होने से पहले ही लोकतंत्र व वयस्क मताधिकार पहुँच गए।

चक्रवर्ती उदार संवैधानिक राजनीति और 'सड़क राजनीति' में भी अंतर करते हैं। हालाँकि, अगर हम सड़क पर विरोध करने वालों और सरकार को कोर्ट में चुनौती देने वालों के बारे में नेहरू के रवैये की तुलना करेंगे तो हमें वे एक सरीखे ही प्रतीत होंगे। दोनों ही तरह के समूहों को लोगों का प्रतिनिधित्व करने वाली, लोकतांत्रिक तरीक़े से चुनी गई सरकार की वैधानिकता को नकारने वालों के तौर पर देखा जाता था और नेहरू के बाद के दौर में 'लोकतांत्रिक सरकार' ने दोनों तरह के समूहों पर पलटवार किया और जन आंदोलनों को कुचला, न्यायिक फ़ैसलों को पलट दिया और अदालतों तक का ही बोरिया-बिस्तर समेट दिया। यानी नागरिकों को राज्य की किसी कार्रवाई को चुनौती देने का अधिकार देने वाले संस्थापक उस समय काफ़ी परेशान हो गए जब नागरिकों ने वाक़ई चुनौती देने का विकल्प चुन लिया।

आख़िर न्यायिक राहत की संभावना क्या विकल्प देती थी? वह चुनावी तंत्र से बाहर के राज्य के साथ संवाद का एक ज़रिया खोलती थी। यह ख़ास तौर पर उन व्यक्तियों व समूहों के लिए महत्वपूर्ण हो जाता है जो राजनीतिक व्यवस्था में पर्याप्त प्रतिनिधित्व हासिल नहीं कर सके हैं। उत्तर प्रदेश में एक ऐसे ज़िले में मुसलमान व्यापारी होने की वजह से, जिसमें विभाजन के समय हिंसा व पलायन दोनों देखने को मिला था, यासीन के पास बेहद सीमित राजनीतिक ज़रिये पहुँच में रहे होंगे। इसलिए यह कोई हैरत की बात नहीं है कि आज़ादी के तुरंत बाद के सालों में प्रशासनिक मनमानी को चुनौती देने वाले मामलों में मुसलमान वादियों की संख्या काफ़ी ज़्यादा रही है। एक रिट याचिका किसी सरकारी अधिकारी को कोर्ट के सामने पेश होने और याचिका दायर करने वाले को जवाब देने के लिए

बाध्य करती है। इस तरह से एक नागरिक किसी अनिच्छुक राज्य को उससे संवाद करने के लिए बाध्य कर सकता है।

यासीन के मामले में, जलालाबाद शहर यक़ीनी तौर पर यासीन के अपने संवैधानिक अधिकारों पर ज़ोर देने के लिए उठाए गए क़दम के लिए तैयार नहीं था। कोई सरकारी वकील नियुक्त करने में भी ख़ासी देरी हुई क्योंकि पालिका के पास मुक़दमेबाज़ी के ख़र्च के लिए बजट का कोई प्रावधान ही नहीं था। उसे पहले कभी इस तरह की किसी वैधानिक चुनौती से नहीं निबटना पड़ा था।[14]

यासीन जैसे वादियों को कोर्ट के रवैये से भी प्रोत्साहन मिलता था। साठ के दशक के मध्य में सुप्रीम कोर्ट के एक अध्ययन से यह सामने आया था कि दो-तिहाई मामलों में एक तरफ़ किसी न किसी स्तर का कोई सरकारी पक्ष और दूसरी तरफ़ कोई व्यक्ति या निजी पक्ष होता था। सरकार अपने ख़िलाफ़ 40 फ़ीसदी मामलों में हार गई। इसके अलावा, इन 3,272 फ़ैसलों में से 487 में विवाद में शामिल निजी पक्ष ने प्रत्यक्ष रूप से क़ानून की वैधानिकता को ही चुनौती दी थी और इनमें से भी 128 मामलों में क़ानून को या तो असंवैधानिक क़रार दे दिया गया या फिर उन्हें पूरी तरह से रद्द कर दिया गया था। एक शोधकर्ता ने इस पर निष्कर्ष निकाला था, 'दुनिया में शायद ही कोई ऐसी सरकार होगी जो देश की सबसे ऊंची न्यायिक पीठ के सामने अपने नागरिकों के साथ भिड़ंत में इतना ख़राब प्रदर्शन करती हो।'[15]

यहाँ मेरा यह कहने का आशय क़तई नहीं है कि कोर्ट लोगों के लिए शरणस्थली बन गए। दरअसल, मुक़दमे की प्रक्रिया और नतीजे, दोनों ही वादियों को पहले से कहीं ज़्यादा मुश्किलों में खड़ा कर देते हैं। अलबत्ता, नागरिक इन मामलों में जितना हारते हैं, उतना ही जीतते भी हैं। लिहाज़ा, इस प्रक्रिया की अनिश्चतता ही संवैधानिक वादे को ज़िंदा बनाए रखती है। जैसा कि ई.पी. थॉम्प्सन का कहना था, किसी क़ानून की प्रभावशीलता की एक अनिवार्य पूर्वशर्त यही है कि उसे एक विचारधारा के रूप में काम करना होता है और उसके लिए उसे एक हद तक स्वतंत्रता प्रदर्शित करनी होती है। यह हक़ीक़त, कि क़ानूनी

प्रक्रिया में राज्य हार सकता है और अक्सर हार भी जाता था, लोकप्रिय चेतना की पहुँच में संविधान को बनाए रखती थी।

एक प्रभावी क़ानूनी मदद के अभाव में संवैधानिक पहुँच भी असमान हो जाती है। जिनके पास सामाजिक व आर्थिक पूँजी है, वे व्यवस्था का ज़्यादा लाभ उठा सकते हैं। लेकिन, सामाजिक पूँजी केवल एक आर्थिक वर्ग तक सीमित हो, ऐसा हमेशा नहीं होता। यासीन कोई संपन्न व्यक्ति नहीं था। स्थानीय टैक्स रिकॉर्ड बताते हैं कि उसके पिता नियामतुल्लाह ने कर अदा करने से छूट की माँग की थी क्योंकि उसके लिए 150 रुपये की आय से परिवार के आठ सदस्यों का भरण-पोषण करना मुश्किल हो रहा था। यासीन का अदालत में जाने का फ़ैसला दरअसल एक सोचा-समझा जोखिम था। वह इस बात से प्रभावित था कि पालिका के नियम ने प्रभावी तौर पर उसका धंधा ही बंद कर दिया है और पड़ोसी शहरों में भी अन्य लोग इसी तरह के क़दमों को कोर्ट के सामने लाने में कामयाब हुए हैं। यासीन की याचिका में हाई कोर्ट व सुप्रीम कोर्ट के सामने पेश दो मामलों का हवाला था जिनमें मुसलमान व्यापारियों ने उसी ज़िले के भीतर स्थित पालिकाओं को कोर्ट में घसीटा था।[16] अब चूँकि वे दोनों याचिकाएँ सफल रही थीं, इससे कोर्ट के सामने यासीन की भी सफलता की संभावना बढ़ गई थी।

लिहाज़ा, संविधान तक पहुँच बनाने के लिए एक जो महत्वपूर्ण पूँजी ज़रूरी है, वह है जानकारी। इस जानकारी को प्रसारित करने में वकीलों द्वारा निभाई गई भूमिका का पूरा अध्ययन नहीं किया गया है, लेकिन आज़ादी के तुरंत बाद क़ानूनी प्रकाशनों में आई तेज़ी से यह संकेत मिलता है कि भारतीय वकीलों ने सामने आई नई व्यवस्था को समझने के लिए सचेतन प्रयास किए थे। अपने मुवक्किलों को रिट याचिकाएँ दाख़िल करने के लिए कहने वाले वकील किसी उदारता के कारण ऐसा नहीं कर रहे थे। बल्कि एक पूँजीवादी समाज में हर पेशेवर समूह की ही तरह, वे भी अपनी सेवाओं के लिए एक नया बाज़ार खड़ा करके नियंत्रित कर रहे थे।

संवैधानिक मुक़दमेबाज़ी की प्रक्रिया यक़ीनन दो तरीक़े से काम करती है।

एक तरफ़ तो वह राज्य को लोगों के प्रति जवाबदेह होने के लिए मजबूर करती है, और दूसरी तरफ़, वह लोगों से भी यह अपेक्षा करती है कि वे राज्य की ही एक संस्था (न्यायपालिका) के सामने नतमस्तक हों और संवैधानिक विनिमय में भागीदारी के ज़रिये नागरिक होने की भूमिका निभाएं। वकीलों की तुलना अक्सर लबादाधारी पुजारियों से होती रही है, लेकिन जब वे अपनी सेवाओं के लिए बाज़ार का विस्तार कर रहे होते हैं तो वे भारतीय गणतंत्र के मिशनरी भी बन जाते हैं।

यासीन की याचिका में दलील दी गई थी कि नया उपनियम न केवल व्यापार व व्यवसाय करने के उसके उस अधिकार को सीमित करता है जो उसे अनुच्छेद 19 में मिला हुआ है, बल्कि शहर समिति के पास सब्ज़ियों की बिक्री के लिए शुल्क लगाने का भी कोई अधिकार नहीं है। समिति की इस दलील को सुप्रीम कोर्ट ने सिरे से ख़ारिज कर दिया कि शुल्क इसलिए लगाया गया था कि सब्ज़ी उगाने वाले किसान और ग्राहक, दोनों यासीन की दुकान तक पहुँचने के लिए पालिका द्वारा बनाई गई सड़कों का इस्तेमाल करते हैं। कोर्ट का कहना था कि यासीन पर 'सार्वजनिक' सड़क का इस्तेमाल करने के लिए शुल्क नहीं लगाया जा सकता। उसने नए उपनियमों को ग़ैरक़ानूनी तरीक़े से थोपा गया क़रार दिया जो एक थोक सब्ज़ी विक्रेता के अपना व्यवसाय, व्यापार या कारोबार करने के उस निर्बाध अधिकार का उल्लंघन करते थे जो उसे संविधान के अनुच्छेद 19 (1) (जी) के तहत प्रदत्त थे। यानी इस बहस के केंद्र में 'सार्वजनिक सड़क' थी जिसको लेकर ये परस्पर विरोधी विचार भिड़ रहे थे कि उस पर अधिकार किसका है, राज्य का या निजी नागरिकों का।

लेकिन कोर्टरूम के बाहर की दुनिया की पहुँच अधिकारों व संविधानवाद की भाषा तक कितनी थी? इस मामले का साफ़ तौर पर यासीन और उसके पड़ोसियों के लिए ख़ास मतलब था। सुप्रीम कोर्ट के फ़ैसले पर पहुँचने से पहले ही, यासीन के दोस्तों ने शहरी मुनादी करने वाले एक दलित नानू को यह काम

सौंप दिया था कि वह ढोल पीट-पीटकर पूरे जलालाबाद में यह ऐलान कर दे कि 'जनता व शहरी निज़ाम में एक मामला चल रहा है और उसमें जनता जीत गई है और शहरी निज़ाम हार गया है।' शहरी समिति ने इस बात पर ख़ासा ऐतराज जताया था और सुप्रीम कोर्ट को यह अनुरोध लिख भेजा था कि यासीन पर अवमानना का मामला दर्ज किया जाए।[17]

1950 के समय ही एक लोकप्रिय भाषा मौजूद थी जिसमें राज्य के ख़िलाफ़ किसी व्यक्ति के दावे को दरअसल राज्य के ख़िलाफ़ 'सार्वजनिक दावे' के तौर पर व्यक्त कर दिया जाता था। लिहाज़ा, अगर हम हन्ना अरेंत की व्याख्या में समझें तो संविधान एक ऐसे मिश्रित हलके के रूप में उभरता है जिसमें 'निजी हित भी सार्वजनिक अहमियत' अख़्तियार कर लेते थे।[18] इससे उस सहज वर्गीकरण को भी चुनौती मिलती है जिसमें मुक़दमेबाज़ी को राजनीति का वह स्वरूप माना जाता है जो केवल कुलीनों को ही उपलब्ध है। वास्तव में हाशिए के ज़्यादातर नागरिकों को जब राज्य की बढ़ती ताक़त का मुक़ाबला करना पड़ता है तो उनके पास इसके सिवाय कोई चारा नहीं रहता कि वे संविधान तक पहुँच बनाएँ, और अक्सर उसे उस तरीक़े से समझें व इस्तेमाल करें जैसा राज्य नहीं करना चाहता।

जनहित याचिकाओं में इज़ाफ़ा होने के साथ-साथ अधिस्थिति (लोकस स्टैंडी) के नियमों को हल्का करने और पत्रात्मक न्यायशास्त्र की शुरुआत ने लोगों की संवैधानिक पहुँच में काफ़ी विस्तार किया। अस्सी के दशक के शुरुआती सालों से सुप्रीम कोर्ट ने जजों को लिखे गए व्यक्तिगत पत्रों और यहाँ तक कि पोस्टकार्डों को भी याचिका के तौर पर मानने की इजाज़त दे दी है। हालाँकि याचिका के तौर पर स्वीकार किए जाने वाले पत्रों की संख्या अब भी नगण्य है, लेकिन ख़ुद मुख्य न्यायाधीश को रोज़ाना क़रीब तमाम तरह के न्याय के लिए सौ से ज़्यादा चिट्ठियाँ मिलती हैं। इनमें जेल से रिहाई के लिए विशेष राहत से लेकर किसी फ़िल्मी तारिका से विवाह के दावे जैसी नामुमकिन राहत की याचनाओं तक, सब शामिल होती हैं। संवैधानिक अदालतें 'दरबार' के व्यक्तिगत न्याय

जैसी पुरानी व्यवस्थाओं को प्रतिबिंबित करती सी प्रतीत होती हैं – जैसे शहंशाह जहाँगीर ने अपने महल के दरवाज़े पर 'न्याय की घंटी' लगावा रखी थी जिसे कोई भी पीड़ित नागरिक बजाकर शहंशाह से न्याय की दुहाई लगा सकता था। कोर्ट के फ़ैसलों की ही तरह मुग़ल शहंशाहों के फ़ैसले भी बड़े अस्थिर और नाटकीय क़िस्म के होते थे।

भारत के संविधान का भारत के लोगों से क्या रिश्ता है? भारतीय लोगों के विविध अनुभवों को देखते हुए इस सवाल का जवाब देना कठिन है, लेकिन यह बात स्पष्ट है कि संविधान का विकासक्रम उन कई तरीक़ों से हुआ जिनकी अपेक्षा उसके संस्थापकों ने नहीं की थी, या जिनके वे ख़िलाफ़ थे। दिशा में यह बदलाव अक्सर नीचे से आया था। क़ानूनों व प्रशासनिक कार्रवाई की न्यायिक समीक्षा का संविधान में त्वरित प्रावधान दरअसल अतीत से आया एक क्रांतिकारी बदलाव था। वह बढ़ती राज्य-सत्ता के दौर में नागरिकों के लिए एक मौक़ा उपलब्ध कराता था ताकि वे राज्य को संवाद करने के लिए मजबूर कर सकें।

कार्यपालिका की ज़्यादतियों को क़ाबू में करने वाली न्यायिक सक्रियता का श्रेय अक्सर जजों को दिया जाता है, लेकिन जज किसी मामले में कोई भी कार्रवाई करने में तभी सक्षम हो पाते हैं जब नागरिक उन मामलों को कोर्ट के सामने लेकर आते हैं। संवैधानिक मुक़दमेबाज़ी को अक्सर इस रूप में स्पष्ट करने की प्रवृत्ति रही है मानो वह कार्यपालिका और न्यायपालिका में टकराव हो या वह परले दर्जे की राजनीति का मसला हो। लेकिन हर संवैधानिक मसले के केंद्र में तो वह व्यक्ति होते हैं जो राज्य के सामने जा खड़े होते हैं। लिहाज़ा, संविधान को नीचे से देखने का नज़रिया यही संकेत देता है कि संविधान 1950 में एक सभा द्वारा तैयार किया गया कोई दस्तावेज़ नहीं है, बल्कि वह नागरिकों व राज्य के बीच एक निरंतर संवाद भी है।

संदर्भ और टिप्पणियाँ

1 निवेदिता मेनन, सिटीजनशिप एंड द पैसिव रिवोल्यूशन : इंटप्रेटिंग द फर्स्ट एमेंडमेंट', राजीव भार्गव (सं.), *पॉलिटिक्स एंड इथिक्स ऑफ़ द इंडियन कांस्टिट्यूशन*, ऑक्सफोर्ड यूनिवर्सिटी प्रेस, नई दिल्ली, 2008, पृ. 189–211

2 पार्था चटर्जी, *नेशनलिस्ट थॉट एंड द कॉलोनियल वर्ल्ड : ए डेरिवेटिव डिस्कोर्स ?*, थर्ड वर्ल्ड बुक्स, जेड बुक्स, लंदन, यूनाइटेड नेशंस यूनिवर्सिटी के लिए, 1986, पृ. 181 (पृ. 30)

3 सुनील खिलनानी, द *आइडिया ऑफ़ इंडिया*, फर्रार, स्ट्रॉस व गिरॉक्स, 1999, पृ. 39

4 भारत का संविधान, अनुच्छेद 19

5 देखें भारत के संविधान का भाग IV

6 *न्यायिक प्रशासन का सुधार*, भारतीय विधि आयोग, 1958, पृ. 673

7 राजीव धवन (सं.), *नेहरू व संविधान*, एन.एम. त्रिपाठी, बंबई, 1992

8 भारत के संविधान 1950 का अनुच्छेद 226 (1)

9 रिट जारी करने का यह सीमित अधिकार भी औपनिवेशिक सरकार और कार्यपालिका के बीच विवाद का एक बिंदु बन गया था। देखें लॉरेन बेंटन, 'औपनिवेशिक क़ानून और सांस्कृतिक अंतर : न्यायक्षेत्र राजनीति और औपनिवेशिक राज्य का गठन', *कम्पेरेटिव स्टडीज़ इन सोसाइटी एंड हिस्ट्री* 41, 1999, पृ. 563–588

10 उदाहरण के तौर पर भारत सरकार अधिनियम, 1950 की धारा 270; अपराध प्रक्रिया संहिता, 1898 की धारा 197, डिफ़ेंस ऑफ़ इंडिया एक्ट 1914 और 1939 के सेक्शन 16

11 *न्यायिक प्रशासन का सुधार*, भारतीय विधि आयोग, 1958

12 संसदीय बहसें, खंड 12, भाग 2, कॉ. 8832, 16 मई 1951

13 दीपेश चक्रवर्ती, 'इन द नेम ऑफ़ पॉलिटिक्स : डेमोक्रेसी एंड द पॉवर ऑफ़ द मल्टीट्यूड इन इंडिया', दीपेश चक्रवर्ती, रोचोना मजूमदार व एंड्रयू सारतोरी (संपा.), *फ्रॉम द कॉलोनियल टू द पोस्टकॉलोनियल : इंडिया एंड पाकिस्तान इन ट्रांजिशन*, ओ.यू.पी., नई दिल्ली, न्यूयार्क, 2007

14 *Mohammad Yasin vs. Town Area Committee, Jalalabad and another*, 1951 की रिट याचिका सं. 3922, सुप्रीम कोर्ट ऑफ़ इंडिया रिकॉर्ड रूम

15 जॉर्ज गैडबोइस, 'भारतीय न्यायिक व्यवहार', *इकॉनोमिक एंड पॉलिटिकल वीकली* 5, 1970, पृ. 149–166

16 *Mohd. Hasan vs. Notified Area Committee, Kandla*; *Rashid Ahmad Khan vs. Municipal Board, Kariana*, एआईआर 1950 एससी 163

17 कोर्ट ने इस आग्रह को स्वीकार करने से इनकार कर दिया

18 हन्ना अरेंत, द *ह्यूमन कंडीशन*, यूनिवर्सिटी ऑफ़ शिकागो प्रेस, शिकागो, 1958, पृ. 34–35

सेमिनार, भारतीय संविधान के साठ सालों पर केन्द्रित

विशेष अंक में नवंबर 2010 में प्रकाशित।

https://www.india-seminar.com/2010/615/615_rohit_de.htm

5.

परिवर्तनकारी संविधानवाद : एक उत्तर-उपनिवेशवादी प्रयोग

इंदिरा जयसिंह

अपने अर्थ के लिए परिवर्तनकारी संविधानवाद दुनिया के तमाम हिस्सों से विभिन्न अनुभवों के बीच बहस छेड़ता रहता है, लेकिन परिवर्तनकारी संविधानवाद को परिभाषित और पृथक करने वाले केंद्रीय तत्व हैं स्वतंत्रता, समानता और भाईचारे के संवैधानिक आदर्शों के निरंतर विकास और मुक्ति के कार्यक्रम को पूरा करने में राज्य (न्यायपालिका सहित) की केंद्रीय भूमिका। क्या है परिवर्तनकारी संविधानवाद और कहाँ होती है इसकी उत्पत्ति? आज के समय में क्या हैं इसके महत्त्व, प्रकाश डाल रही हैं इंदिरा जयसिंह।

राजनीतिक वैज्ञानिक सुदीप्तो कविराज आधुनिक भारतीय राज्य की प्रकृति के बारे में लिखते हुए[1] कहते हैं कि इसके बारे में पारंपरिक समझ हमारे समाज के आधारभूत ढाँचे तक सीमित है जो बदलते हुए एक 'केंद्रीय नैतिक ऊर्जा' में तब्दील हो गया है। शायद हमारे न्यायिक फैसले लेने की प्रक्रिया में 'संवैधानिक नैतिकता' शब्द यहीं से आया है। कुछ लोगों को एहसास हुआ कि 'नैतिकता शब्द ने हमारे संविधान के अनुच्छेद 25 में' जगह पाई।

उन्होंने यह बताया कि इस केंद्रीय अनिवार्यता को राज्य ने कैसे प्राप्त किया। 'न्याय, समानता, गरिमा और सहायता की हर माँग के साथ इसे स्पष्ट तौर से उठाया गया है क्योंकि यह सभी माँगें इसी के नाम पर की जा सकती हैं; और यह राज्य की ज़िम्मेदारी है कि वो इन सभी उम्मीदों को पूरा करे।'

राज्य और संविधान

हमें राज्य और संविधान के बीच में फ़र्क़ करना चाहिए और समझना चाहिए कि राज्य संविधान से निकला है। मैं एक और चीज़ की तरफ़ ध्यान दिलाना चाहती हूँ कि मुझे हमेशा इस बात पर अचम्भा हुआ कि संविधान में 'सरकार' की कोई परिभाषा नहीं है। यह मेरे ध्यान में तब आया जब मैं भारत के सर्वोच्च न्यायालय में *Government of NCTD vs. Union of India* के लिए जिरह कर रही थी। संविधान की अनुसूची 1 में राज्य और अनुच्छेद 1 में 'संघ' को बयान करते हैं जब वे कहते हैं कि 'इंडिया यानी भारत राज्यों का एक संघ होगा'।

यह ध्यान देने वाली बात है कि यह परिभाषा भौगोलिक है, यह भौगोलिक इकाईयों की बात करती है और ऊपर जिस अर्थ में 'राज्य' शब्द का ज़िक्र है उस अर्थ में इसका इस्तेमाल नहीं है। अनुसूची 1 स्पष्ट करती है कि भारत एक फ़ेडरेशन यानी संघ है। हालाँकि मेरी नज़र में भारत का सर्वोच्च न्यायालय यह स्पष्ट नहीं करता कि भारतीय परिप्रेक्ष्य में संघवाद क्या है। इसे कभी अर्द्ध-संघीय के रूप में व्यक्त किया जाता है, तो कभी एक शक्तिशाली केंद्र वाला संघीय राज्य कहा जाता है, और हाल ही में हमने 'सहकारी संघवाद' की चर्चा करना शुरू किया है। हम जिस एक-दलीय राज्य की ओर बढ़ते दिख रहे हैं उसमें इन सभी के मायने काफ़ी शिथिल पड़ गए हैं। सोशल मीडिया पर भारत के नक्शे को देखें – वो भगवा हो गया है! इसीलिए हमारे सामने कई सारे उलझाने वाले शब्द हैं : 'राज्य', 'सरकार' और 'संघ'; इन सब में एक ही है जो स्पष्ट है 'संविधान'।

हमें एक सवाल जो पूछना चाहिए वो ये कि – क्या आधुनिक राज्य अपनी

प्रकृति में व्यापक होने के अलावा कुछ और हो सकता है? इसका और ऐसे ही दूसरे सवालों का जवाब मिलता है अमेरिका और तीसरी दुनिया के आज़ादी के आंदोलनों के अनुभवों के बीच के अंतर में छिपे हैं। तीसरी दुनिया, ख़ास तौर से भारत, के आज़ादी के संघर्ष में एक चीज़ जो केंद्र में आई वो था चुनाव। तीसरी दुनिया के इन आंदोलनों ने न सिर्फ़ उपनिवेशवादी ताक़तों के रूप में एक बाहरी दुश्मन का सामना किया बल्कि साथ ही साथ उन्होंने अपेक्षाकृत बड़े अंदरूनी दुश्मनों से भी लड़ाई लड़ी, जैसे बेहद ग़रीबी, सामाजिक-आर्थिक ग़ैर-बराबरी, जाति, नस्ल, जेंडर आधारित ऊँच-नीच और भी बहुत कुछ। संविधान बनाने वालों के लिए सबसे ज़रूरी यह था कि एक ऐसा राज्य बनाया जाए जो अंदरूनी असमानताओं को मिटाने में सक्रिय भूमिका निभाए। ऐसा करने के लिए, संविधान भी अंदरूनी शत्रुओं से लड़ने के लिए हमारा एक औज़ार रहा है। भारतीय संवैधानिक आंदोलन पर लिखते हुए कई विद्वानों ने ऐसे ही मत व्यक्त किए हैं। उदय मेहता लिखते हैं :

'उदाहरण के लिए जब कोई संविधान में दिए गए नीति निर्देशक तत्वों पर विचार करता है या राज्य के 'प्रयासों' पर, तो इसमें स्वास्थ्य, शिक्षा; व्यक्तिगत और सामूहिक सुरक्षा, समानता और समृद्धि से जुड़े विषयों पर भरपूर विमर्श होता है। स्वतंत्रता की अभिव्यक्ति के लिए अनुकूल परिस्थितियाँ तैयार करने के लिए ज़िम्मेदार एक सक्रिय और विशाल राज्य को अमूमन संविधान में दर्ज भविष्य के इस स्वप्न के लिए अनिवार्य माना जाता है।'[2]

परिवर्तनकारी संविधानवाद की उत्पत्ति

परिवर्तनकारी संविधानवाद की उत्पत्ति की जड़ें नस्ल-भेद के ख़त्म होने के बाद के दक्षिण अफ़्रीका में मिलती है। दक्षिण अफ़्रीका के एक पूर्व मुख्य न्यायाधीश परिवर्तनकारी संविधानवाद की जड़ें दक्षिण अफ़्रीका के अंतरिम संविधान की प्रस्तावना में देखते हैं जिसमें कहा गया :

'संघर्ष, द्वंद्व, अनकही पीड़ा और असमानता से भरे एक बेहद विभाजित समाज तथा रंग, नस्ल, वर्ग, आस्था और लिंग की परवाह न करते हुए सब दक्षिण अफ्रीकियों के लिए मानव अधिकारों को स्वीकार करना, लोकतंत्र तथा शांतिपूर्ण सह-अस्तित्व और विकास के अवसरों वाले एक भविष्य के बीच का पुल।'

अपने अर्थ के लिए परिवर्तनकारी संविधानवाद दुनिया के तमाम हिस्सों से विभिन्न अनुभवों के बीच बहस छेड़ता रहता है, लेकिन परिवर्तनकारी संविधानवाद को परिभाषित और पृथक करने वाले केंद्रीय तत्व हैं स्वतंत्रता, समानता और भाईचारे के संवैधानिक आदर्शों के निरंतर विकास और मुक्ति के कार्यक्रम को पूरा करने में राज्य (न्यायपालिका सहित) की केंद्रीय भूमिका।

इन्हीं आदर्शों पर समाज खुद को बरक़रार रख सकता है और इन्हीं पर आधारित एक समाज के निर्माण के लिए राज्य को एक सक्रिय भूमिका निभानी चाहिए। भारत की न्यायिक व्यवस्था में इस विचार को मानने वालों में से प्रमुख रहे हैं जस्टिस कृष्ण अय्यर, एक ऐसे जज जिनका प्रभाव मेरे काम पर भी पड़ा। संविधान को एक परिवर्तनकारी दस्तावेज़ मानने पर ज़ोर देते हुए उन्होंने कहा :

'हमारी संस्कृति की प्रामाणिक आवाज़, जिसे आधुनिक भारत के सभी महान निर्माताओं ने उठाया, अछूत माने जाने वालों, म्लेच्छ माने जाने वालों, बँधुआ मज़दूरों, भूखे, मेहनतकश अर्द्ध-दासों, जो हमारी स्वतंत्रता के अभिन्न अंग हैं, उनकी कठिनाईयों को दूर करने के लिए वो आवाज़ हमेशा खड़ी रही है। संविधान की सही व्याख्या करने के लिए हमें उन लोगों को समझना होगा जिनके लिए ये बनाया गया – उनके उत्कृष्ट लोकाचार, निराशाएँ, आकांक्षाएँ, सामाजिक कमज़ोरियों के संविधान द्वारा निर्धारित आदर्श उपायों की परिधि आदि।'[3]

डॉ. अम्बेडकर ने इन आदर्शों पर ज़ोर देते हुए कहा :

'हमें अपने राजनीतिक लोकतंत्र को एक सामाजिक लोकतंत्र भी बनाना पड़ेगा। राजनीतिक लोकतंत्र ज़्यादा देर तक बरक़रार नहीं रह सकता अगर उसकी नींव में सामाजिक लोकतंत्र न हो।

'लोकतंत्र का अर्थ क्या है? इसका मतलब है एक ऐसा जीवन जीने का

तरीक़ा जो स्वतंत्रता, समानता और भाईचारे को जीवन आदर्श मानता हो।'[4]

संविधान की व्याख्या एक ऐसे तार्किक दस्तावेज़ के रूप में की गई जो यह जानते हुए समाज का पुनर्निर्माण करना चाहता है कि पुरानी ऊँच-नीच सिर्फ़ हमारी इच्छा से इसलिए नहीं ख़त्म हो जातीं। इस परिवर्तन की ज़िम्मेदारी राज्य पर डाली गई है जो सही मायनों में परिवर्तनकारी प्रवृत्ति को आत्मसात कर इसे बिना थके साकार करने का प्रयास करता है।

इसलिए, परिवर्तनकारी संविधानवाद शब्द के दो प्रमुख तत्व उभरते हैं :

1. यह क़ायम रहने वाली समानता को प्राप्त करने और उन तमाम भेदभावों को मिटाने का विचार रखता है जो मौजूद हैं या भविष्य में पनप सकते हैं;
2. यह सकारात्मक सामाजिक संबंधों की हद में रहकर पूर्ण मानव प्रतिभा को साकार करने का आह्वान करता है – राज्य के साथ व्यक्ति के संबंध की बजाय 'सकारात्मक सामाजिक संबंधों' का प्रयोग व्यक्तिगत क्षेत्र में भी परिवर्तनकारी संविधानवाद की व्यापक प्रवृत्ति को दर्शाता है।

संविधानवाद और परिवर्तनकारी संविधानवाद की इस समझ के बीच भेद कर माइकेल हैल्बरोनेर हमें यह सोचने के लिए मजबूर करते हैं कि परिवर्तनकारी संविधानवाद क्या नहीं है। यूएस के संविधानवाद को परिवर्तनकारी संविधानवाद न मानते हुए वे कहते हैं कि 'यूएस संविधानवाद फ़ेडरल स्टेट को अधिक न्यायसंगत और समान समाज के निर्माण की ज़िम्मेदारी नहीं सौंपता। क़ानून को लेकर इसकी अवधारणा मिर्जन दमस्का के शब्दों में 'प्रतिक्रियात्मक' है, और सोमेक के उपयोगी शब्दों में यह 'कांस्टीट्यूशनलिज्म 1.0' (यानी शुरुआती संविधानवाद) है जिसका ज़्यादा ध्यान स्वतंत्रता पर रहता है।'[5]

इसलिए, यूएस के संविधानवादी अनुभवों को प्रायः तीसरी दुनिया के विचारों वाले परिवर्तनकारी संविधानवाद से अलग समझा जाता है क्योंकि यहाँ

राज्य एक सक्रिय भूमिका निभाता है। यह इसलिए क्योंकि भारत और दक्षिण अफ़्रीका जैसे देशों में बहुत ज़्यादा विभाजनकारी असमानताएँ और साधनों की बेहद कमी है जिन्हें यहाँ के संविधान ख़त्म करने की इच्छा रखते हैं। इन्होंने हममें एक राष्ट्र होने का विचार पनपने नहीं दिया, जैसा कि डॉ.अम्बेडकर ने दावा किया था कि जाति आधारित भेदभाव ने भाईचारे और अंततः राष्ट्र के अस्तित्व को बनने ही नहीं दिया।

भारत का संवैधानिक पल पुरानी रीतियों और ऊँच-नीच से अलग होना माना गया। संविधान लागू होने के 70 साल बाद, हाल ही में, संपूर्ण राजस्थान उच्च न्यायालय ने प्रस्ताव पारित किया कि अनुच्छेद 14 के आदेशानुसार वकीलों को अब जजों को 'माई लॉर्ड' कहकर पुकारने की आवश्यकता नहीं है।[6] मुख्य न्यायाधीश रवींद्र भट्ट के नेतृत्व में इस न्यायालय ने एक मिसाल पेश की कि उपनिवेशवाद से गणतंत्रवाद में तब्दील होना क्या होता है, भले ही यह सिर्फ़ भाषा के स्तर पर ही; भाषा अंततः परिवर्तन का सबसे सशक्त माध्यम है।

जैसा कि मैंने भारत के मुख्य न्यायाधीश को लिखे अपने एक खुले ख़त में कहा, 'भाषा बातचीत के ज़रिए भर से कहीं ज़्यादा है। यह एक सहज ज्ञान वाला सामाजिक, सांस्कृतिक और राजनीतिक संकेतक है जो किसी भी समाज में व्याप्त प्रमुख रवैयों और लोकाचार को दर्शाता है।' यह मैंने तब लिखा था जब अटॉर्नी जनरल ने मुझे किसी की पत्नी कहकर संबोधित किया था। वैसे इसके बाद उन्होंने तुरंत ख़ुद को सही भी किया, जैसा कि एक बार जस्टिस कृष्ण अय्यर ने कहा था, 'हमें "अपने जजों को ऊपर उठाना" होगा', और इसमें मैं जोड़ना चाहूँगी, बार के अपने पुरुष सहकर्मियों को भी।

परिवर्तन इसी तरह रोज़मर्रा के छोटे-छोटे क़दमों से आता है जब हम बारीकी से अन्याय को भी सहने को अस्वीकार करते हैं। क़ानूनी पेशे और हमारे क़ानूनों से उपनिवेशवाद को अलग करने का काम अब तक हुआ नहीं। इसी से थोड़ी बहुत प्रेरणा लेकर मैंने सीनियर काउंसल (क्वीन के काउंसिल के ओहदे के बराबर) के पद पर ही प्रश्न उठाया और कहीं न कहीं इसी से प्रेरणा लेकर मैंने

15 अगस्त 2017 को सीनियर गाउन उतार दिया। उस दिन से आज तक मैंने सीनियर गाउन नहीं पहना है जबकि मेरे सहकर्मी मुझे मनाने के लिए कहते हैं कि 'आपने वो केस जीत लिया है आप अपना गाउन वापस ले लें'।

मैं नहीं जानती जीत का क्या मतलब है। लेकिन जहाँ तक मेरा सवाल है – सीनियर गाउन पहनने से इनकार करना मेरे लिए रोस पार्क क्षण था जो मेरे बिना बुलाए आया था। आप NLSU के छात्रों के लिए भी यह परिवर्तनकारी पल है जो आपने मुझे यह जानते हुए आमंत्रित किया कि Lawyers Collective, आनंद ग्रोवर और मेरे ख़िलाफ़ एफ़आईआर दर्ज है, और हमारे घरों व दफ़्तरों पर 'रेड' पड़ चुकी है – रेड शब्द का CrPC में कहीं ज़िक्र नहीं मिलता। मैं आपको यह बताने आए खुद को रोक नहीं पा रही कि 'रेड' वाले दिन आनंद ग्रोवर भारत के सर्वोच्च न्यायालय के कोर्ट नंबर 4 में चल रहे एक केस में जिरह कर रहे थे। उन्होंने सीबीआई अफ़सरों से कहा 'मैंने कभी किसी क्लाइंट को निराश नहीं किया और आज भी नहीं करूँगा और कार्यवाही स्थगित करने की माँग की'। वो हमारे लिए निर्णायक और मुश्किल घड़ी थी, यह जानते हुए काम करना कि हमें इसलिए निशाना बनाया जा रहा है कि हम मानव अधिकारों की रक्षा कर रहे हैं। भाषा का यह शिथिल प्रयोग हमारी स्वतंत्रताओं और परिवर्तनकारी संविधानवाद के लिए ख़तरा पेश करता है।

वास्तविक आज़ादी की ओर

यदि राज्य स्वतंत्रता, समानता, आज़ादी कर अन्य आदर्शों को सुनिश्चित करने के लिए एक सक्रिय भूमिका अपना लेता है तो अगला सवाल इन आदर्शों के विषयवस्तु के संबंध में उठेगा। किस हद तक राज्य को इन आदर्शों के लिए काम करना चाहिए और लोगों को इन्हें प्राप्त करने के लिए सक्षम बनाना चाहिए? परिवर्तनकारी संविधानवाद की एक समझ यह माँग करती है कि राज्य इन लक्ष्यों को पाने के लिए एक बहुत सक्रिय भूमिका निभाए और ऐसे आदर्शों के उपभोग

के सामने खड़ी सभी अड़चनें हटा दी जाएँ। शायद इसी की रौशनी में अमर्त्य सेन 'स्वतंत्रता का विकास के रूप में' और अपनी कैपेबिलिटी के सिद्धांत का ज़िक्र करते हैं।

सेन अपनी किताब *डेवेलपमेंट ऐज़ फ्रीडम* में वास्तविक समानता के विचार की ओर इशारा करते हैं जब वे प्रगति और विकास को रोकने वाली परतंत्रताओं की तानाशाही के बारे में बात करते हैं। जिन परतंत्रताओं का वह ज़िक्र करते हैं उनमें संस्थागत सामाजिक निषेध, सार्वजनिक सुविधाओं की अनदेखी, असहिष्णुता या दमनकारी राज्यों की अतिसक्रियता शामिल है। उनका मत है कि इन वास्तविक स्वतंत्रताओं का निषेध कई दफ़ा आर्थिक ग़रीबी से जुड़ा होता है, जिससे कपड़े, उपचार किए जा सकने वाली बीमारियों के इलाज आदि तक लोगों की पहुँच या तो संतुष्टिपूर्ण नहीं हो पाती या ज़रूरत के हिसाब से नहीं हो पाती।

इसी मत को बढ़ाते हुए, मार्था नुस्सबम और सेन ने कैपेबिलिटीज़ के विचार को बेहतर तरह से कल्याण के विचार के रूप में पेश किया। कल्याण का विश्लेषण करते समय नुस्सबम और सेन मत देते हैं कि ज़रूरी यह देखना है कि लोग कैसे हैं और क्या कर पा रहे हैं। लोगों के पास मौजूद वस्तुएँ और संपत्ति या उनकी मानसिक प्रतिक्रियाओं (उपयोग) पर तवज्जो देना सही नहीं है क्योंकि ये जीवन की गुणवत्ता के बारे में सीमित और अप्रत्यक्ष जानकारी ही देते हैं।

परिवर्तनकारी संविधानवाद और न्यायपालिका

समानता, स्वतंत्रता और भाईचारे के संवैधानिक आदर्शों के इर्द-गिर्द विधि-शास्त्र आपातकाल के बाद से विकसित होना शुरू हुआ। आपातकाल के बाद के समय में कांग्रेस सरकार की हार से उबरते हुए, सर्वोच्च न्यायालय ने वैधता की खोज की प्रक्रिया में जनहित याचिकाओं (PIL) के विधि-शास्त्र को स्पष्ट किया।

जस्टिस भगवती ने घोषणा की कि कॉमनवेल्थ की विरोधात्मक व्यवस्था भारतीय परिस्थितियों के अनुकूल नहीं, यह 'स्वयं क्षति की पहचान और स्वयं

उपचार के चुनाव करने' पर आधारित था। बड़ी संख्या में लोगों के अशिक्षित होने की वजह से न्याय तक पहुँच सुनिश्चित करना मुश्किल है।

मैंने कहीं और भी यह कहा है कि S.P. Gupta [केस] से जैसा व्यक्त होता है PIL के अग्रणी पक्षधर जज ADM Jabalpur आदेश के लेखकों में से भी एक थे। PIL की शुरुआत में ही मौजूद सीमा को खुद PIL के लिए भी एक प्रमुख सीमा के तौर पर याद रखना चाहिए। हाल फ़िलहाल में यह स्पष्ट हुआ है कि PIL दमन का भी एक साधन हो सकता है, बल्कि बाक़ियों से ज़्यादा घातक साधन, क्योंकि यह बहुत हद तक जजों के 'विवेक' पर निर्भर करता है।

और इससे मैं इस बिंदु पर पहुँचती हूँ कि 'विवेक' का नियम विधि के शासन के ख़िलाफ़ है क्योंकि इससे मुख्य रूप से पुरुषों और कभी-कभार महिलाओं का शासन स्थापित होता है। मैं जानती हूँ कि न्याय-प्रक्रिया में 'विवेक' को एक क़ानूनी विचार माने बिना कोई क़ानून लागू नहीं हो सकता और न ही कार्यपालिका काम कर सकती है। लेकिन भारत में 'प्रक्रिया के दुरूपयोग' का सिद्धांत न होने के कारण यह संभव है कि निर्णय पक्षपात में बदल जाए; क़ानून की आड़ में सिर्फ़ काग़ज़ी क़ानून रहना और वास्तविक न होना और असहमति प्रकट करने वालों को निशाना बनाना। इसका तुरंत उपचार किया जाना चाहिए। 'विवेक' के नाम पर शक्ति का प्रयोग द्वितीय लक्ष्यों के लिए नहीं किया जाना चाहिए। भारत में ग़लती करने वालों की ज़िम्मेदारी निश्चित करने का सिद्धांत नहीं है। भारत में ग़लती आदेश देने वालों की ज़िम्मेदारी का आभाव है। यहाँ जो काफ़ी हद तक मौजूद है वो है निर्णायकों के लिए दंड-मुक्ति या माफ़ी।

नागरिक और राजनीतिक अधिकारों के बिना आर्थिक और सामाजिक अधिकार नहीं

Olga Tellis और Bombay Hawkers Union मामलों में जिरह करते समय Lawyers Collective में हमने महसूस किया कि हमें आर्थिक अधिकारों पर

काम करने की ज़रूरत है – यह वो जादू की छड़ी है जिससे ग़रीबी ख़त्म की जा सकती है। तब से मुझे एहसास हुआ कि मेरी पीढ़ी अपने नागरिक और राजनीतिक स्वतंत्रताओं के सही मूल्य को नहीं समझती। हम आज़ादी मिलने के दौर में पैदा हुए और नागरिक तथा राजनीतिक स्वतंत्रताएँ हमने विरासत में पाईं। समय अपनी पूरी धुरी पर घूमकर फिर उसी मुहाने पर आ गया है। आज़ादी और स्वतंत्रता का महत्त्व समझना होगा, जिससे हम आर्थिक अधिकारों पर काम कर सकें। आनंद ग्रोवर और मेरे जैसों, कार्टून बनाने वालों और कवियों, छात्रों, दलितों और किसानों, भीमा कोरेगाँव केस के अभियुक्तों जैसों कईयों के लिए आज़ादी की लड़ाई नए सिरे से शुरू हो गई है।

आपातकाल के बाद के समय में जनता की नज़रों में अपनी वैधता बरक़रार रखने के लिए, न्यायपालिका अब एक मिली-जुली भावना वाले दौर में पहुँच चुकी है, वो PIL के लिए अब भी अपने दरवाज़े खोलती है जबकि उसकी इच्छा इन्हें अपनी मर्ज़ी से बंद कर देना चाहती है। यह भी अचम्भे की बात नहीं कि इसी दौर में मंडल कमीशन के ज़रिए सकारात्मक कार्रवाई की नीति सामने आई। वास्तविक समानता को प्राप्त करने के विचार पर आधारित और बहुत सी बहसों का विषय बना, शैक्षणिक संस्थानों और अब सर्वोच्च न्यायालय द्वारा B.K. Pavitra II में स्वीकार किए जाने के बाद, पदोन्नति में आरक्षण ही आज जीवन के तमाम क्षेत्रों में देखने वाली थोड़ी-बहुत विविधता के लिए ज़िम्मेदार हैं। आरक्षण के महत्त्व का उल्लेख करते हुए जस्टिस चंद्रचूड़ ने B.K. Pavitra में कहा :

‘हमारे सामने इस बात के ठोस सबूत मौजूद है कि संविधान सभा के सदस्यों ने यह माना कि (i) भारतीय समाज गहन संस्थागत असमानताओं से ग्रस्त रहा; और (ii) संविधान इनसे उबर पाने के परिवर्तनकारी दस्तावेज़ के तौर पर काम करेगा। इन असमानताओं से उबर पाने का एक ज़रिया है एसटी और एससी को विधायिकाओं तथा राज्य सेवाओं में दिया गया आरक्षण।’

LGBTQI आंदोलन और निजता की माँग

हाल फ़िलहाल में, परिवर्तनकारी संविधानवाद के इर्द-गिर्द न्यायशास्त्र काफ़ी मज़बूती से विकसित हुआ, ख़ास तौर से कई आदेशों के ज़रिए LGBTQI समुदाय के अधिकारों के संबंध में। पिछले कुछ समय में आए सर्वोच्च न्यायालय के सबसे प्रख्यात फ़ैसलों में से एक *Navtej Johar vs. Union of India* में कोर्ट ने माना कि 'परिवर्तनकारी संविधानवाद' किसी संविधान को अपनाने के उद्देश्यों में से एक है। इसका उद्देश्य है एक ऐसा संविधान जो राष्ट्र को एक मध्यकालीन तथा असमान समाज से एक समतावादी लोकतंत्र में तब्दील होने का रास्ता दिखाए जहाँ संविधान की प्रस्तावना में दिए गए आदर्शों को समाहित किया जाता हो। यह माना गया कि संवैधानिक न्यायालय का काम है अपने लोगों को अपमान और भेदभाव से बचाना, यह स्वतंत्रता और समानता के अधिकारों की सपाट सी व्याख्या नहीं कर सकता और न ही अधिकारों को वास्तविक रूप से लागू करने और प्राप्त करने के संघर्षों का मूकदर्शक बना रह सकता।

परिवर्तनकारी संविधानवाद के मूल में व्याप्त तत्वों का उल्लेख करते हुए जस्टिस दीपक मिश्रा कहते हैं :

'संविधान के अंतर्गत जो मौलिक अधिकार सुनिश्चित किए गए हैं वे "आज़ादी" और "समानता" के बहुअयामी और शाश्वत अधिकार हैं और यह हमारे संविधान के नियमों के उलट होगा यदि इनकी परिवर्तनकारी तथा विकासशील प्रवृत्ति पर ध्यान न देते हुए इनकी स्थिर व्याख्या कर दी जाए। इस मत के मूल में यह बात नहीं कि इन अधिकारों के आधार में जो अवधारणाएँ हैं वे समय के साथ बदलती हैं, बल्कि यह है कि बदलता वक़्त इन अवधारणाओं की व्याख्या करता है और उन पर रौशनी डालता है।'

मुझे लगता है कि हर पीढ़ी के पास यह अधिकार है कि वे ख़ुद फ़ैसला करें कि संविधान के उनके लिए क्या मायने हैं, कि वे अपनी आकांक्षाओं के आधार पर संविधान की व्याख्या करें।

लेकिन हमें भूलना नहीं चाहिए कि धारा 377 को ग़ैर-आपराधिक बनवाने की लड़ाई नवतेज के केस से 20 साल पहले शुरू हुई थी। इसे नाज़ फ़ाउंडेशन ने Lawyers Collective की मदद से शुरू किया था और इन्हें Naz Foundation के रूप में दिल्ली उच्च न्यायालय से एक [सकारात्मक] फ़ैसला भी मिला, जिसे Koushal में बेशर्मी से पलट दिया गया। नवतेज नाज़ को ही पुनर्स्थापित करता है।

नवतेज जोहर के फ़ैसले के बाद सर्वोच्च न्यायालय में *Justice K.S. Puttaswamy vs. Union of India* का फ़ैसला आया। यह फ़ैसला संविधान के भाग III के अंतर्गत निजता के अधिकार को मौलिक अधिकार के तौर पर स्थापित करने में काफ़ी अहम था। हालाँकि तथ्यात्मक परिदृश्यों में निजता की विशिष्ट रूपरेखा की जाँच अब तक बाक़ी है, लेकिन इस फ़ैसले ने निजता के अधिकार से निकलने वाले तमाम अधिकारों, जैसे भुला दिए जाने का अधिकार जिसका आपराधिक न्याय प्रणाली के कामकाज़ पर बहुत असर पड़ेगा, के बारे में बहस छेड़ दी है।

जेंडर आधारित न्याय के लिए लड़ाई

हालाँकि Puttaswamy, NALSA, Shafin Jahan (Hadiya) और Navtej Johar जैसे कई फ़ैसलों में प्रगतिशील तत्व दिखाई दिए, लेकिन व्यापक स्थिति अब भी विकट बनी हुई है। राहतें बहुत महीन हैं और न्यायालय प्राय: मौजूदा सरकार के ख़िलाफ़ खड़े होने से बचते रहे हैं।

न्यायपालिका की सीमाओं को हम तमाम उन फ़ैसलों में साकार होते हुए देख सकते हैं जो महिलाओं के अधिकारों से जुड़े थे, 50 के दशक से लेकर हालिया सबरीमाला और तीन तलाक़ फ़ैसलों तक। हालाँकि आख़िरी दो के प्रगतिशील प्रभाव रहे हैं, मेरा कहने का मतलब सिर्फ़ यह है कि इनमें व्यक्त विचार और अधिक बेहतर और परिवर्तनकारी हो सकते थे।

Narasu Appu के मामले से लेकर सर्वोच्च न्यायालय के फ़ैसलों ने लगातार जेंडर आधारित समानता को यह कहकर नज़रअंदाज़ किया है कि संविधान के अनुच्छेद 13 के अंतर्गत क़ानून की परिभाषा के अनुसार पर्सनल लॉ क़ानून नहीं हैं। Narasu Appu के फ़ैसले का प्रेत अब तक सर्वोच्च न्यायालय के पीछे पड़ा है, ख़ास तौर से महिलाओं के अधिकारों के संबंध में। कोर्ट के इस मत को बाद में Mary Roy, Githa Hariharan, Shah Bano, Goolrokh, सबरीमाला और तीन तलाक़ मामलों में चुनौती दी गई, कोर्ट इन सवालों से बचता रहा। समानता हासिल करने की लड़ाई में महिलाओं के सामने धर्म अंतिम अड़चन बनकर खड़ा है।

सबरीमाला का मामला इकलौता ऐसा मामला है जहाँ कोर्ट ने इस प्रश्न को सकारात्मक ढंग से उठाया और Narasu Appu की छाया को कुछ हद तक हटाने की कोशिश की। एक समवर्ती फ़ैसले में जस्टिस डी. वाई. चंद्रचूड़ ने माना कि महिलाओं को मंदिर में प्रवेश न देना भी एक तरह का छुआछूत है। बहुमत ने इस मत को अस्वीकार कर दिया। मासिक धर्म से जुड़े निषेधों की तुलना 'छुआछूत' से करने के लिए मेरी काफ़ी आलोचना हुई है, ऐसा कहा गया कि मैं दलितों के संघर्ष को हथियाने की कोशिश कर रही हूँ! मेरा सवाल है : 'क्यों नहीं?' मैं मानती हूँ कि अनुच्छेद 17 को अनुसूचित जातियों के साथ होने वाले छुआछूत के संबंध में जोड़ा गया था, लेकिन हमेशा ही छुआछूत के नए स्वरूप विकसित होते रहते हैं। मैंने खुद अपने परिवार में इस तरह की छुआछूत को अनुभव किया है और बचपन की स्मृतियाँ बड़े होने के बाद भी हम पर काफ़ी गहरी छाप छोड़ती हैं।

गूलरोख मामला एक बहुत डरावनी स्थिति पेश करता है। इसमें सवाल इस बात से जुड़े हैं कि क्या एक महिला शादी के बाद अपने पति का धर्म ले लेती है, जैसा कि गुजरात उच्च न्यायालय ने माना। सर्वोच्च न्यायालय ने अब तक इसका जवाब नहीं दिया। हैरान कर देने वाला तर्क कि शादी के बाद एक महिला अपने पति का धर्म ले लेती है गुजरात उच्च न्यायालय ने स्वीकार किया। इस प्रकार

जन्म पर एक महिला अपने पिता का धर्म अपनाती है और शादी होने पर अपने पति का!

यह हाल ही में तीन तलाक़ मामले में भी दिखा जब तीन तलाक़ को ख़त्म किए जाने के संबंध में सर्वोच्च न्यायालय की विभाजित राय सामने आई। जहाँ दो जजों ने कहा कि यह प्रथा स्पष्ट रूप से मनमानी और असंवैधानिक है, दूसरे जजों ने कहा कि यह ग़ैर-इस्लामी है। किसी ने भी यह नहीं कहा कि ये अनुच्छेद 15 या 21 का उल्लंघन है। कोर्ट ने 'अनिवार्य प्रथाओं' के सिद्धांत को आधार बनाया, और इस भेदभाव की जड़ में जो क़ानून है उसकी वैधता को बरक़रार रखा। इस तरह जब भी महिलाओं के समान अधिकार का सवाल सामने आया, न्यायालयों का रवैया बेहद निराशाजनक ही रहा है।

पारस्परिक संबंध

Shafin Jahan (हादिया) में बदलते पारस्परिक संबंध व्यक्त होते हैं। फिर भी इस मामले में जो दलीलें दी गईं उनमें शामिल था कि क्या एक 24 वर्षीय महिला हादिया का जबरन मत परिवर्तित किया गया, तैयार किया गया या शिक्षा दी गई कि वो इस्लाम अपना ले और एक मुसलमान पुरुष से शादी कर ले। यहाँ आरएसएस के विचार पूरी ताक़त से काम कर रहे थे ताकि एक हिंदू महिला के एक मुसलमान पुरुष के साथ विवाह का विरोध किया जा सके।

हालाँकि हादिया सर्वोच्च न्यायालय में खड़ी हुई और तत्कालीन मुख्य न्यायाधीश दीपक मिश्रा और जस्टिस चंद्रचूड़ और खानविलकर के सामने पेश हुई जब कोर्ट ने उससे बात करने की इच्छा प्रकट की। जब उससे सवाल किए गए तो उसकी साफ़ आवाज़ पूरे कोर्ट में गूँजी, 'मुझे मेरी आज़ादी चाहिए'। क्या कोर्ट के पास कोई विकल्प था? नहीं। जब उससे पूछा गया कि क्या वो अपनी पढ़ाई जारी रखना चाहती है, तो उसने कहा : 'मुझे मेरी आस्था और शिक्षा दोनों चाहिए'। फिर जब यह स्पष्ट हुआ कि उसे कॉलेज हॉस्टल वापस भेज दिया

जाएगा उसने कहा, 'मैं चाहती हूँ कि मैं अपने पति से बात कर सकूँ जब भी मुझे कोई चर्चा करनी हो। मैं उसका साथ चाहती हूँ।' जेंडर आधारित न्याय की कहानी शायद भारत में परिवर्तनकारी संविधानवाद की सफलता की कहानी है।

एक नारकीय समस्या

काम की जगहों पर यौन शोषण अब तक 'एक नारकीय समस्या' बना हुआ है ख़ास तौर से न्याय प्रणाली में कार्यरत महिलाओं के लिए और अब गानव अधिकारों के रक्षकों के लिए, क्योंकि गेहूँ के साथ घुन पिसता है। यहाँ पर भी जजों को न्यायिक प्रक्रिया से जो छूट मिली हुई है जिसकी वजह से वे यदि यौन शोषण करते हैं तब भी बच जाते हैं।

मैं शायद देश में इकलौती हूँ जिसने महिला इंटर्न, महिला जजों और महिला कर्मचारियों की पैरवी उन जजों के सामने की जिन पर उन्होंने यौन शोषण का इल्ज़ाम लगाया। ऐसे ही एक मामले में, जहाँ एक मौजूदा उच्च न्यायालय के जज पर महाभियोग चल रहा था, मुझे तीन मौजूदा उच्च न्यायालय के जजों से सवाल करने का मौका मिला। परिणामत: मुझे एहसास हुआ कि न्यायपालिका में जेंडर संवेदनशीलता की कितनी कमी है और हमें महिलाओं को न्याय दिलवाने के लिए कितना लंबा सफ़र तय करना बाक़ी है। मैं पूछती हूँ कि अगर हम महिला जजों की सुरक्षा नहीं कर सकते तो हम अन्य महिलाओं की सुरक्षा कैसे करेंगे? यौन शोषण की वजह से महिला जज न्यायपालिका से दूर हो जाती हैं और इससे हमारे न्यायालयों में महिला जजों की संख्या बढ़ाने के हमारी घोषित इच्छाएँ सब धरी की धरी रह जाती हैं। यह भारत के संविधान के अनुच्छेद 15 का घोर उल्लंघन है। फ़ौरन एक शिकायत प्रक्रिया को स्थापित कर इसका उपाय खोजा जाना चाहिए।

हम अब यह स्वीकार करते हैं कि 'MeToo' अभियान से भारत में महिलाओं के लिए ख़ासा कुछ हासिल नहीं हुआ। होलोकॉस्ट के संबंध में समेंथा

पॉवर की दी गई यह संज्ञा द प्रॉब्लम फ्रॉम हेल अब भी बरक़रार है।

मॉब लिंचिंग के मुद्दे को तुषार गाँधी कोर्ट तक लेकर गए

मेरे पास यहाँ जो सीमित समय है उसमें जगज़ाहिर तथ्यों और आँकड़ों का दोहराया जाना ज़रूरी नहीं। मैं सिर्फ़ इतना कहना चाहूँगी कि मॉब लिंचिंग एक 'क़ानून व्यवस्था' से जुड़ा मुद्दा नहीं बल्कि सांप्रदायिक आधार पर लोगों को निशाना बनाने का मुद्दा है और इसलिए एक संवैधानिक तथा संघीय मुद्दा है जिसके लिए केंद्र सरकार को ज़िम्मेदारी लेनी चाहिए।

The Caravan के कार्यकारी संपादक विनोद जोस ने यूके और कनाडा की सरकारों द्वारा हाल ही में मीडिया की स्वतंत्रता के विषय पर आयोजित एक सम्मेलन में इन घटनाओं के बारे में कहा :

'इस तरह की हिंसा के मामले अचानक नहीं हुए बल्कि लंबे समय तक धार्मिक अल्पसंख्यकों के प्रति व्यवस्थित रूप से तैयार नफ़रत और असहिष्णुता की वजह से हो रहे हैं।' विनोद जोस को मौजूदा सत्ता के ख़िलाफ़ बोलने के लिए धमकाया और बदनाम किया गया।

छात्रों पर हमले

पिछले पाँच सालों में विभिन्न विश्वविद्यालयों के छात्रों पर भी काफ़ी हमले देखने को मिले हैं। इन हमलों के कुछ प्रमुख शिकार रहे रोहित वेमुला, नज़ीब, कन्हैया कुमार, उमर ख़ालिद और पायल – जो जाति और जेंडर और अन्य समस्याओं के चौराहों पर खड़े थे। एक नई गाली 'एंटी नेशनल' (राष्ट्र विरोधी) का चलन में आना भी काफ़ी दिलचस्प है। मैंने कहीं और कन्हैया कुमार पर हुए हमले का ज़िक्र करते हुए कहा है भारतीय दंड संहिता में ऐसा कोई अपराध है ही नहीं, भीमा कोरेगाँव मामले में दोषियों के संदर्भ में भारतीय दंड संहिता में 'अर्बन

नक्सल' (शहरी नक्सल) जैसा कोई अपराध है ही नहीं, लेकिन फिर भी आज हम लोगों में से कईयों को रोज़ाना 'एंटी नेशनल' और 'अर्बन नक्सल' कहा जा रहा है।

एससी/एसटी क़ानून को कमज़ोर करना

हाल ही में सुभाष महाजन मामले में आए एससी और एसटी समुदाय की सुरक्षा करने वाले क़ानून को सर्वोच्च न्यायालय के फ़ैसले द्वारा कमज़ोर किए जाने की कड़ी निंदा हुई। इस फ़ैसले में जो सबसे ख़तरनाक बात थी वह यह कि कोर्ट ने अपना निर्णय इस पूर्वाग्रह पर दिया कि एससी/एसटी समुदाय इस क़ानून का 'दुरूपयोग' कर रहा है – दूसरे शब्दों में वे अपने शोषण को लेकर झूठ बोल रहे हैं। हम सब, महिलाएँ, एससी, एसटी, छात्र, अल्पसंख्यक और अंततः मानव अधिकारों की रक्षा करने वाले, हम सभी क़ानून के सामने झूठ बोल रहे हैं! तो फिर सच कौन बोल रहा है?

मानव अधिकारों की रक्षा करने वालों, क़ानूनी पेशेवर, अगली पंक्ति के रक्षकों पर हमले

हमलों की इस लंबी शृंखला में, सबसे हाल में निशाने पर आए हैं मानव अधिकार रक्षक – ऐसे वकील जो संविधान के मूल्यों की हिफ़ाज़त करने का काम कर रहे हैं। ज़रा सोचिए कि इस मुल्क का क्या होता अगर मानव अधिकार वकील न होते। अच्छी बात है कि यहाँ बहुत हैं। लेकिन वकीलों पर हमला दरअसल क़ानूनी संरक्षण के अधिकार पर ही हमला है। जब हम न्यायपालिका की स्वायत्ता की बात करते हैं तो हमें यह याद रखना चाहिए कि इसमें क़ानूनी पेशे की स्वायत्तता भी शामिल है। जब न्यायपालिका क़ानूनी पेशे पर हमलों की स्वीकृति देती है तो दरअसल ख़ुद को ही बर्बाद करती है।

अन्य लोगों के साथ ही इन हमलों का शिकार Lawyers Collective, मैं (इंदिरा जयसिंह) और आनंद ग्रोवर भी हैं, जिन्हें संवेदनशील मामले लेने और रसूखदार लोगों के ख़िलाफ़ बोलने के लिए परेशान किया गया। इनसे पहले सुरेन्द्र गाड्लिंग, सुधा भारद्वाज जैसे वकील और 2002 के गुजरात सांप्रदायिक दंगों के पीड़ितों की सुरक्षा करने वाली तीस्ता सीतलवाड़ निशाना थे। Lawyers Collective और इसके पदाधिकारियों के ख़िलाफ़ सीबीआई को छापे मारने का आदेश दिया गया, FCRA फंड का इस्तेमाल 'लोकतंत्र को कमज़ोर' करने के लिए करने का ग़लत आरोप लगाकर।

जिस तरह से यह घटनाक्रम चले हैं उससे इस बात में कोई शक नहीं रहता कि यह राजनीतिक रूप से प्रेरित हैं। पश्चिम बंगाल के पुलिस कमिश्नर की पैरवी करते हुए कोर्ट में मैंने बताया कि, 'इस देश में अभियोग से बचने का और कोई रास्ता नहीं, सिवाय सत्ताधारी पक्ष में शामिल होने के'। क्या कुछ और कहना बाक़ी है?

निष्कर्ष

मेरे लिए समय पूरा चक्कर काटकर उसी जगह आ पहुँचा है। जैसा कि मैंने बताया मैं आज़ादी के शुरुआती दौर में पैदा हुई पीढ़ी की हूँ, मैं आज़ादी और स्वतंत्रता के बारे में मानकर चली कि ये हमेशा रहेंगे। मैंने इन्हें विरासत में पाया। Lawyers Collective में हमने सोचा कि अब लड़ाई केवल आर्थिक न्याय की है और उसी दिशा में हमने काम किया। आज मुझे एहसास हो रहा है कि मेरी आज़ादी एक छलावा थी। यह सोचना बेवक़ूफ़ी थी कि हमारे अधिकारों की निश्चितता तय की जा सकती है। बोलने की आज़ादी के अधिकार का आत्मसमर्पण करने से ग़रीबी ख़त्म नहीं होगी, यह तो जैसे शैतान के साथ किया गया सौदा है। तमाम ऐसी परिस्थितियाँ जो नहीं होनी चाहिए, उन सब से आज़ादी पाने के लिए बोलने की स्वतंत्रता अनिवार्य शर्त है।

शायद मैं काफ़ी जी चुकी हूँ। मैंने कोर्ट को आज़ाद करने वाले के तौर पर देखा है। मैंने कोर्ट को दमनकारी के रूप में भी देखा है। संवैधानिक क़ानून के छात्रों को पता होना चाहिए कि अनुच्छेद 32 के तहत दर्ज किसी भी याचिका में यह बताना ज़रूरी होता है कि किसी मौलिक अधिकार का उल्लंघन हुआ है। हमारे ख़िलाफ़ दायर याचिका में ऐसे किसी उल्लंघन का ज़िक्र नहीं, और हो भी नहीं सकता। इससे भी बड़ी बात है कि हम पर लोकतंत्र को कमज़ोर करने का आरोप लगाया गया। याचिका में लिखा गया :

'यह दायर किया जाता है कि प्रतिवादी नंबर 1 की गतिविधियाँ, सरकारी सेवक होने के बावजूद, ऐसी हैं जिन्हें प्रत्यक्ष या परोक्ष रूप से कहा जा सकता है कि चुनावी राजनीति, सरकारी कर्मचारी/नौकरशाहों की नीति निर्धारण प्रक्रिया को प्रभावित करने तथा लॉबी कर और मीडिया में समर्थन के द्वारा प्रशासनिक कार्यों में हस्तक्षेप की कोशिश कर रहे हैं। ...'[7]

जब मैंने ये पढ़ा तो समझ नहीं आया कि रोऊँ या हसूँ हमने, Lawyers Collective ने, चुनावी राजनीति को प्रभावित किया और न्याय प्रक्रिया में हस्तक्षेप किया? नहीं! अगर हमने सच में ऐसा किया है जैसा आरोप लगाया गया तो मौजूदा दुनिया को देखकर लगता है कि हम बहुत बुरी तरह असफल रहे हैं।

Lawyers Collective के लिए अब परिवर्तनकारी संविधानवाद का मतलब है व्यक्तिगत आज़ादी। आज बोलने की आज़ादी का अधिकार ख़तरे में पड़ गया है।

Lawyers Collective की ओर से मैं आपका शुक्रिया अदा करती हूँ कि आज मुझे यहाँ परिवर्तनकारी संविधानवाद पर हो रही चर्चा की शुरुआत करने के लिए आमंत्रित किया गया, यह जानते हुए कि मेरे ख़िलाफ़ सीबीआई ने केस दर्ज किया है। ज़िंदगी बदल गई है। मैं अब अकेले सफ़र नहीं करती; मैं ऐसे वकीलों के साथ सफ़र करती हूँ जो अपनी मर्ज़ी से मेरे साथ हैं। यही मेरी सफलता और क़ानूनी पेशे में योगदान है।

जय हिंद, आज़ादी ज़िंदाबाद!

संदर्भ और टिप्पणियाँ

1 सुदिप्तो कविराज, *ऑन द ऐनचांटमेंट ऑफ़ स्टेट : इंडियन थॉट ऑन द रोल ऑफ़ द स्टेट इन द नैरेटिव ऑफ़ मॉडर्निटी*।

2 उदय एस. मेहता, *कॉन्स्टिट्यूशनलिज़म, द ऑक्सफ़ोर्ड कंपेनियन टू पॉलिटिक्स इन इंडिया 2010*, पृ. 15–27

3 *Akhil Bharatiya Soshit Karamchari Sangh (Railway) vs. Union of India*, (1981) ऐससीसी (1) 246 : 1981 ऐससीसी (लेबर एंड सर्विसिज़) 50, पृ. 264

4 Last speech while handing over the Constitution

5 मिकेला हेलब्रोनर, 'ट्रांस्फॉर्मेटिव : नॉट ओनली इन द ग्लोबल साउथ', द *अमेरिकन जर्नल ऑफ़ कम्पेरेटिव लॉ*, वॉल्यूम 65, 2017, पृ. 527–565

6 अनुच्छेद 14 : विधि के समक्ष समता

राज्य, भारत के राज्यक्षेत्र में किसी व्यक्ति को विधि के समक्ष समता से या विधियों के समान संरक्षण से वंचित नहीं करेगा

7 इंदिरा जयसिंह, आनंद ग्रोवर और लॉयर्स कलेक्टिव के ख़िलाफ़ लॉयर्स वायस द्वारा दायर याचिका

National Law School of India University, Bangalore में *'Transformative Constitutionalism: Exploring ideas and possibilities in its theory and practice'* विषय पर हुए सालाना सम्मेलन में दिया गया भाषण।

प्रथमतः *TheLeaflet* में प्रकाशित।

6.

एक समावेशी संविधानवाद की ओर

उषा रामनाथन

बँधुआ मज़दूरी, मैला ढोने की प्रथा, और भिक्षावृत्ति के ख़िलाफ़ जो-जो क़ानून बने, उनके निर्माण, संशोधन और व्यावहारिक अमल की कहानियाँ एक समावेशी संविधानवाद के रास्ते की ऊँच-नीच को समझने के लिए बहुत उपयोगी हैं। तीनों तीन तरह के उदाहरण पेश करते हैं जिनसे यह पता चलता है कि कई बार क़ानून संवैधानिक मूल्यों और प्रतिज्ञाओं का उल्लंघन करते हैं, अपने लक्ष्यों के साथ ख़ुद ही धोखा करते हैं, और कई बार जनता के बीच उनके घोषित लक्ष्यों को हासिल करने की इच्छा-शक्ति नई मिसाल भी क़ायम करती है।

एक समावेशी संविधानवाद का रास्ता बड़ा मुश्किल है। तीन कथानक हैं जो क़ानून, व्यवहार और संभावनाओं की वास्तविक कहानियों को बुनते हैं। वे उनके बारे में बताते हैं जो इसे मुमकिन बना सकते हैं, और उनके बारे में भी जो क़तई ऐसा नहीं कर सकते, तब तक नहीं जब तक कि यह दुनिया ही उलट-पुलट न हो जाए।

एक आसान व्यावहारिकता के चक्कर में किस तरह से बँधुआ मज़दूरी

की गुलामी जैसी स्थितियों को ख़त्म करने की प्राथमिकता नदारद हो गई, यह कंपकंपी दौड़ा देने वाली संवैधानिक कथा है। दूसरी कहानी में उम्मीद है जिसमें सिर पर मैला ढोने की प्रथा को ख़त्म करने की एक प्रतिबद्ध कोशिश हो रही है। फिर, भिक्षावृत्ति विरोधी क़ानून मानव जीवन के प्रति असम्मान और संवैधानिक मानकों को तिलांजलि देने की एक घिनौनी कहानी है।

कुछ क़ानून ऐसे होते हैं जो चिरकाल तक प्रासंगिक बने रहते हैं, या तब तक जब तक कि उन्हें वापस न ले लिया जाए या बदल न दिया जाए। ज़्यादातर क़ानून इसी निरूपण के दायरे में आते हैं। कुछ क़ानून ऐसे होते हैं जो वक़्त गुजरने के साथ-साथ धुँधले पड़ जाते हैं और फिर वे उस हलक़े में जाकर बस जाते हैं जो 'अप्रचलन के सिद्धांत' द्वारा संचालित होता है; हालाँकि यह काफ़ी नहीं होगा कि उसे केवल 'इस्तेमाल में न आने से मौत' होने के संदर्भ में ही देखा जाए। कुछ और भी क़ानून हैं जिनकी तात्कालिक ज़रूरत होती है, जहाँ हर पल अंतहीन महत्व का होता है, और वहाँ क़ानून की ज़रूरत तय वक़्त के लिए हैं, जब तक कि वह समस्या पूरी तरह ख़त्म नहीं हो जाती।

बँधुआ मज़दूरी क़ानून 1976, ऐसा ही एक क़ानून है। यह उस अनुच्छेद 23 से संवैधानिक शक्ति हासिल करता है जो 'शोषण के ख़िलाफ़ अधिकार' के तौर पर 'इंसानों की तस्करी और भिक्षावृत्ति व अन्य क़िस्म के जबरिया श्रम' को प्रतिबंधित करता है। इस शक्ति के आधार पर ही इस क़ानून में घोषणा की गई थी – 'इस अधिनियम के प्रभावी होने के बाद से ही, बँधुआ मज़दूरी व्यवस्था ख़त्म मानी जाएगी और अधिनियम के प्रभावी होने के साथ ही हर बँधुआ मज़दूर किसी भी तरह के बँधुआ श्रम के उत्तरदायित्व से मुक्त व स्वतंत्र माना जाएगा।'[1]

उसके उपरांत, और बँधुआ मज़दूर क़ानून लागू होने के तत्काल प्रभाव से, 'ऐसी कोई प्रथा या परंपरा या क़रार या समझौता या अन्य कोई भी ज़रिया (जिस पर इस क़ानून के लागू होने के चाहे पहले या बाद में सहमति हो चुकी हो या वह क्रियान्वित हो चुका हो), जिसके प्रभाव से किसी व्यक्ति या उसके परिवार के किसी भी सदस्य या उस व्यक्ति के किसी भी आश्रित को बँधुआ मज़दूर के रूप

में कोई कार्य या सेवा करनी पड़ती है तो वह ख़ारिज व निष्प्रभावी माना जाएगा।' किसी भी बंधित कर्ज़ के पुनर्भुगतान की देनदारी भी ख़त्म कर दी गई। किसी भी 'कर्ज़दाता' ने अगर ऐसी किसी भी ख़त्म कर दी गई कर्ज़ देनदारी के बदले भुगतान स्वीकार किया तो उसे तीन साल तक की क़ैद या जुर्माना भुगतना पड़ सकता है। तो जनाब, इस तरह से यह प्रथा ख़त्म हो गई, फिर कभी पैदा न होने के लिए। लेकिन यह एक विधायी अनिवार्यता थी।

यक़ीनन, बँधुआ मज़दूरी ख़त्म नहीं हुई है। लेकिन उसकी मौजूदगी को नकारने की प्रवृत्ति श्रम व दासता की शोषणकारी व्यवस्था की हक़ीक़त से निबटने में बाधा बनी हुई है। जनहित याचिका (पीआईएल)[2] व्यवस्था के बुनियादी अंगों में प्रमुख माना जाने वाला यह मामला राष्ट्रीय मानवाधिकार आयोग[3] में पहुँच गया है, यानी मौलिक अधिकार से मानव अधिकार में तब्दील हो गया है और वहाँ वह तमाम अनसुलझे अन्यायों के दरम्यान दबा पड़ा है। स्वामी अग्निवेश न्यूनतम दिहाड़ी का भुगतान न किए जाने को बँधुआ बनाए जाने के चिह्न के रूप में स्वीकार किए जाने को लेकर संघर्ष जारी रखे हुए हैं। जो व्यावहारिकता हमारी आँखों को न देखने के लिए तैयार करती है और जो निराशावादी हर वाजिब चिंता में से भी मूल्यों को बाहर कर देता है, उसने ही इस मामले में अवैधानिकता और असंवैधानिकता को महज़ एक तथ्य में बदल कर रख दिया है। वहीं हक़ीक़त यह है कि बँधुआ मज़दूरी पनप रही है, उसे जानबूझकर अनदेखा किया जा रहा है। उसे स्वीकार किए जाने के संघर्ष के बाद, जो परास्त होने की कगार पर था, वही अब फिर से नकारे जाने की तरफ़ है। पहले जिस क़ानून की तात्कालिकता थी, वही अब संशोधित होकर फिर से एक सदिच्छा में तब्दील हो गया है।

मैला ढोने वाले लोगों का मसला भी इससे अलग नहीं था, कम से कम शुरुआती दिनों में तो क़तई नहीं। 1950 में संविधान के अनुच्छेद 17 में घोषणा की गई थी – 'छुआछूत की प्रथा अब समाप्त कर दी गई है और अब किसी भी स्वरूप में इसका प्रचलन प्रतिबंधित है।'

संविधान का अनुच्छेद 252 (1) संसद को राज्य के किसी विषय पर भी

क़ानून बनाने की इजाज़त देता है।[4] इसी से अपने अधिकार का इस्तेमाल करते हुए, और आंध्र प्रदेश, गोवा, कर्नाटक, महाराष्ट्र, त्रिपुरा व पश्चिम बंगाल की विधानसभाओं द्वारा इस संबंध में पारित किए गए प्रस्तावों से लैस होकर 1993 में संसद ने मैला ढोने वाले को काम पर रखना और शुष्क शौचालयों का निर्माण करना (निषेध) क़ानून, 1993 पारित किया।

संविधान के लागू होने के कई दशकों बाद भी, सरकार को इन बातों को स्वीकार करना पड़ा कि 'मानव मल को सिर पर ढोने की अमानवीय प्रथा अब भी देश के कई भागों में प्रचलित है'; 'पालिका क़ानून अपने आप में ... इतने सख़्त नहीं हैं कि वे इस प्रथा को ख़त्म कर सकें'; 'यह ज़रूरी है कि मैला ढोने की प्रथा को ख़त्म करने के लिए समूचे देश के लिए एक जैसा क़ानून बनाया जाए, जिसमें यह घोषित किया जाए कि मानव मल को हटाने के लिए किसी भी इंसान को काम पर रखना एक अपराध है और इस तरह से देश में शुष्क शौचालयों के आगे बनने को प्रतिबंधित किया जा सके'; और 'यह वांछनीय है कि मैला ढोने वालों को काम पर रखने की अमानवीय प्रथा को ख़त्म करने के लिए और मानवीय वातावरण को सुरक्षित बनाने के लिए शुष्क शौचालयों को पानी वाले शौचालयों में बदला जाए और नए निर्माणों में पानी वाले शौचालय ही बनाए जाएं।' लिहाज़ा एक नया क़ानून बनाया गया।

उसी साल कुछ महीने बाद, राष्ट्रीय सफ़ाई कर्मचारी आयोग का गठन करने के लिए एक क़ानून बनाया गया, जिसमें 'सफ़ाई कर्मचारी' को एक ऐसे व्यक्ति के रूप में वर्णित किया गया जिसे 'मानव मल को हाथ से उठाने के लिए या किसी भी अन्य सफ़ाई के काम में लगाया गया है या उसके लिए नियुक्त किया गया है।' इस आयोग की स्थापना से क्या बिंदू हल होता था, यह चर्चा का विषय हो सकता है और फ़िलहाल हम इस बात को किनारे रख सकते हैं। फिर भी, एक अस्वीकार्य स्थिति की संसद द्वारा स्वीकारोक्ति के लिहाज़ से राष्ट्रीय सफ़ाई कर्मचारी आयोग क़ानून, 1993 एक महत्वपूर्ण क़दम था।

इस तरह 1993 के क़ानूनों ने मैला ढोने की प्रथा के क़ायम होने और

शुष्क शौचालयों का अस्तित्व बरक़रार होने को एक भाषा और विधायी स्वीकृति प्रदान की। उन्होंने इस बात को स्वीकार किया कि यह प्रथा 'अमानवीय'[5] और 'घृणित' थी, और यह 'हमारे सामाजिक ताने-बाने पर बरक़रार एक कलंक है।'[6] इसके परिणामस्वरूप छुआछूत की प्रथा तो अनकहे तौर पर मौजूद थी।

सफ़ाई पर कुछ काम पहले ही बिंदेश्वर पाठक कर रहे थे और ईश्वरभाई पटेल भी, जिसकी परिणति मैला ढोने की प्रथा के ख़ात्मे के रूप में हो जानी चाहिए थी। एस.आर. शंकरन ने 14 सितंबर 2010 को[7] एक रिकॉर्डेड बातचीत में उस समय को याद करते हुए बताया था कि 1990 के दशक के बीच के सालों में बेजवाड़ा विल्सन से चर्चा के बाद, इस घृणित प्रथा के उन्मूलन के मक़सद से एक अभियान छेड़ने की कल्पनाओं ने मूर्त रूप लेना शुरू किया। इन कल्पनाओं के परिणामस्वरूप उनके क़दम विजयवाड़ा की तरफ़ बढ़े जहाँ 1995–96 में किसी समय एक बैठक बुलाई गई जिसमें इस समुदाय के सदस्यों ने हिस्सा लिया और अपनी बात रखी।[8] अगली बैठक हैदराबाद में हुई जिसमें अनंतपुर में 400 सीटों वाले एक शुष्क शौचालय में मल उठाने का काम करने वाली नारायणअम्मा ने जितनी सरलता से अपनी बात रखी, उतनी ही सीधी चोट उसने सब पर की। उन्होंने कहा, 'हम इस जाति में ही पैदा हुए हैं। हम यह काम इसलिए कर रहे हैं क्योंकि हमारे पास कोई विकल्प नहीं है। आपको क्या लगता है, हम यह काम करना चाहते हैं? यह हम पर ज़बर्दस्ती थोप दिया गया है।'

इस बैठक में क़रीब डेढ़ सौ लोगों ने हिस्सा लिया और इसका ज़बर्दस्त असर हुआ। हालाँकि वह उस समय केवल आंध्र प्रदेश तक ही सीमित था लेकिन वहाँ से निकले तरीक़ों व रणनीतियों को ही आगे जाकर देशभर में फैलना था। सर्वे फ़ॉर्म तैयार हुए जिनमें व्यक्ति, प्रथा व जगह के ब्यौरे दर्ज होना शुरू हुए। सरकारी अधिकारियों को कार्रवाई के दायरे में लाया गया। एस.आर. शंकरन के ख़ुद एक बेहद सम्मानित रिटायर्ड शीर्ष सरकारी अधिकारी होने से नौकरशाही को शामिल करके सक्रिय करने में काफ़ी मदद मिली। तक़रीबन उसी समय यह तय कर लिया गया कि सफ़ाई कर्मचारी आंदोलन (एसकेए) एक आंदोलन की

तरह रहेगा। उसका सारा ज़ोर मैला ढोने की प्रथा के उन्मूलन पर रहना था जिसमें शुष्क शौचालयों को ढहाया जाना भी शामिल था।

उसे एक आंदोलन के स्वरूप में रहना था, किसी पंजीकृत संगठन के तौर पर नहीं, जिसमें तमाम औपचारिकताएँ जुड़ी होती हैं। यह लोगों को एकजुट करने का प्रयास था जो ख़ुद समुदाय के भीतर से हो रहा था। एक पदयात्रा शुरू की गई जो 23 ज़िलों तक पहुँची। यात्रा के रास्ते में शुष्क शौचालयों को तोड़ा जाता रहा। अनंतपुर में एस.आर. शंकरन ने वहाँ के ज़िला कलेक्टर से बात की जिसने ख़ुद शुष्क शौचालयों को तुड़वा दिया। पदयात्रा बढ़ती रही और जब वह हैदराबाद में संपन्न हुई, तब उसमें क़रीब एक हज़ार लोग शामिल थे। अंत में प्रतीक के तौर पर एक शुष्क शौचालय को वहाँ जलाया गया।

इस आंदोलन में आँखों में चमक पैदा करने वाला एक पल उस वक़्त आया जब बाद के समय में एक मुंसिफ़ मजिस्ट्रेट की अदालत में शुष्क शौचालय पाया गया। मजिस्ट्रेट ने पुलिस बुला ली और कहा कि यहाँ एक सार्वजनिक संपत्ति को नष्ट किया जा रहा है – जबकि वह शुष्क शौचालय अपने आप में और कुछ नहीं बल्कि सीधे-सीधे क़ानून का उल्लंघन था। विल्सन ने तब एस.आर. शंकरन को फ़ोन करके पूछा कि इस मामले से कैसे निबटा जाए। शंकरन ने उन्हें कहा कि वह मजिस्ट्रेट से लिखित में आपत्तियाँ ले लें – और मजिस्ट्रेट ने वह दे भी दी। अंत में सुप्रीम कोर्ट के आदेश के बाद आख़िरकार वह शुष्क शौचालय नष्ट किया गया।

तब से लेकर आज तक आंदोलन बढ़ता रहा है और उसने अपना सारा ध्यान मैला ढोने की प्रथा के उन्मूलन पर ही केंद्रित रखा है, और उसे उसकी चेतना पर ज़ोर देने वाले बाक़ी मुद्दों की तरफ़ भी भटकने नहीं दिया है – यहाँ तक कि सीवेज कर्मचारियों की तरफ़ भी नहीं और मैला ढोने का काम छोड़ने वालों के पुनर्वास की तरफ़ भी नहीं। इस प्रथा को ख़त्म करने का एक ही तरीक़ा है, ख़ुद को मैला ढोने के काम से बिल्कुल हटा लेना – हालाँकि यह उन लोगों के लिए, जिनमें ज़्यादातर महिलाएँ हैं, मुश्किल काम है जिन्हें इस काम को उनकी

पारंपरिक भूमिका के तौर पर देखने के लिए ही हमेशा से प्रशिक्षित किया गया है; जिन्हें शुष्क शौचालय इस्तेमाल करने वाले समुदायों से दबाव का सामना करना पड़ता है; और, जिनके मन में इस बात को लेकर गहरी आशंका रहती है कि क्या उन्हें कोई और काम करने दिया जाएगा। बिना सरकारी मदद के तो उनके लिए दो जून रोटी खाना भी मुश्किल हो जाएगा।

लेकिन इस काम की प्रकृति जिस तरह की है और उसके साथ जो हिक़ारत का भाव जुड़ा है, वो इस क़दर है कि उसके ख़िलाफ़ सख़्त रुख़ दिखाते हुए और अपने भविष्य के असुरक्षित हो जाने की आशंका के बावजूद लोगों, ख़ासकर महिलाओं ने आगे बढ़कर इस काम पर जाने से मना कर दिया। केवल इतना ही नहीं था। उनमें से कई ने तो मैला ढोने वालों के रूप में काम करना बंद करने से पहले ही ख़ुद को इस प्रथा के उन्मूलन के आंदोलन में सक्रिय कर लिया। महिलाओं के शुष्क शौचालय साफ़ करने, दिन उगते ही मल से भरी बाल्टियाँ उठाकर फेंकने जाने और फिर उसके बाद दिन में उसके उन्मूलन के लिए जुलूस में शिरकत करने – यहाँ तक कि उसका नेतृत्व करने – की छवियाँ कैमरों में क़ैद करके हमेशा के लिए हमारी अहम यादों में चस्पा कर दी गईं हैं।

यह मुद्दा एक मामला दायर करके 2003 में फिर से सुप्रीम कोर्ट के सामने ले जाया गया। यह एक बड़ी सावधानी से तैयार की गई रणनीति थी और इसकी बदौलत ही उन राज्यों को चुनौती दी जा सकी जो अपने यहाँ मैला ढोने की प्रथा के अस्तित्व से ही इनकार कर दे रहे थे। इसी से क़ानून को सक्रिय करने का रास्ता बनना था और इस प्रथा के उन्मूलन का मार्ग प्रशस्त होना था। यह एक अलग कहानी है जिसे बताया जाना चाहिए।[9]

रेलवे इस क़ानून का सबसे खुल्लमखुल्ला उल्लंघन करने वालों में बना हुआ है और इस मामले ने उसे भी बेनक़ाब करने में काफ़ी मदद दी। ट्रेनों के शौचालय, अभी जिस तरह से बने हुए हैं, पटरियों को गंदा करते हैं और इसे साफ़ करने के लिए और मल हटाने के लिए लोगों को ख़ुद हाथों से काम करना पड़ता है। रेलवे और उसके अफ़सरों में इस क़दर गुस्ताख़ी थी कि उन्होंने कोर्ट से कहा

कि ट्रेनों में शौचालयों की मौजूदा व्यवस्था को बदलने में कई साल लगेंगे ताकि उन्हें हाथ से मैला साफ़ करने वाले लोगों की ज़रूरत न पड़े।

क़ानून का मखौल उड़ाने वाले इस जवाब से ही यह बात फिर से पुष्ट हो गई कि राज्य व उसकी एजेंसियाँ ख़ुद ही नियमित रूप से क़ानून का उल्लंघन करती रहती हैं। मैला ढोने वाले को काम पर रखना और शुष्क शौचालयों का निर्माण करना (निषेध) क़ानून, 1993 के अनुच्छेद 15 के अनुसार, 'किसी भी अपराध के लिए कंपनी के साथ-साथ हर ज़िम्मेदार प्रभारी, और अपराध होने के वक़्त कंपनी के काम के लिए ज़िम्मेदार व्यक्ति' को दोषी माना जाएगा। अब न तो रेलवे ने अपनी व्यवस्था बदली है और न ही उसके ख़िलाफ़ कोई अभियोग चलाया गया है, उससे यह बात साफ़ हो जाती है कि अगर क़ानून को पूरी गंभीरता से लागू न किया जाए तो किस तरह की नाफ़रमानी उससे पैदा हो जाती है।

इन सबके बाद भी 2010 में यह महसूस किया गया कि बस अब धैर्य समाप्त हो जाना चाहिए। लिहाज़ा 29 सितंबर 2010 को देश के नक़्शे पर पाँच दूरदराज़ के कोनों से बस यात्राएं शुरू हुईं जिन्हें पूरे अक्टूबर में देश का सफ़र करते हुए दिल्ली पहुँचना था। इनका मक़सद यही सुनिश्चित करना था कि सिर पर मैला ढोने की प्रथा को अब वाक़ई ख़त्म हो जाना चाहिए। यह संदेश लेकर वे लोग चल रहे थे जिन्होंने मैला ढोने के काम को छोड़ने का फ़ैसला कर लिया था। यह एक तरह के संवैधानिक इतिहास के निर्माण की प्रक्रिया थी।

पिछले एक दशक में लोगों की पहचान करने, सर्वे करने, उन्हें तैयार करने, मदद देने, प्रतिनिधित्व करने और बातचीत करने के समूचे उपक्रम का नतीजा यह हुआ है कि वे कुछ राज्यों, राज्यों में कुछ ज़िलों को मैला ढोने की प्रथा से मुक्त घोषित कर चुके हैं। ज़रूरत इस बात की है कि इस आंदोलन को थोड़ा और बढ़ावा मिले जिससे उसमें ताक़त आए ताकि वह अपरिहार्य रूप से अपने मुकाम पर पहुँच सके और यह सहारा उसे समुदाय के बाहर से मिलना चाहिए।

असहिष्णुता के भाव के इर्द-गिर्द ही एक और पटकथा-सी विकसित हुई

है। भीख माँगने को समस्या मानने की प्रवृत्ति ने ही भीख माँगने के काम को अपराध के समकक्ष बना दिया है। बस इतना था कि जाँच, हिरासत, सुनवाई और दंड के साथ जो संवैधानिक हिफ़ाज़तें मिलती हैं, वे नदारद थीं।

बॉम्बे भिक्षावृत्ति रोकथाम अधिनियम 1959, देश में संविधान लागू होने के बाद बना था, जैसा कि अधिनियम के साल से ही ज़ाहिर होता है। यह क़ानून आगे बाक़ी राज्यों के लिए एक मानक के तौर पर बन गया और फिर दिल्ली ने 1960 में अपना अलग क़ानून बना दिया। यह एक उल्लेखनीय क़िस्म का क़ानून है जिसकी किसी संवैधानिक दायरे में व्याख्या तक करना मुश्किल है। 'भिक्षावृत्ति' को परिभाषित करते हुए यह क़ानून उसे विस्तार में ले जाता है, और परिभाषा में कहता है कि जिन व्यक्तियों के पास, 'जीवन यापन का कोई प्रत्यक्ष ज़रिया नहीं है और जो इधर-उधर घूमते हैं या सार्वजनिक स्थानों पर इस स्थिति में या इस तरीक़े से रहते हैं तो इस बात की संभावना है कि वह व्यक्ति अपना भरणपोषण भीख माँगकर या भीख पाकर कर रहा है।'[10] यानी प्रत्यक्ष ग़रीबी ग़रीबों को इस क़ानून का निशाना बनाती है।

क़ानून ग़रीबी को दंडित करता है। कोई व्यक्ति अगर 'भीख माँगते पाया जाए' तो उसे बिना वारंट के गिरफ्तार किया जा सकता है और इसलिए अक्सर ऐसा ही किया जाता है। इसके बाद एक 'संक्षिप्त जाँच' होती है, और उसमें जो व्यक्ति 'भिखारी पाया जाता है', उसे किसी 'प्रमाणित संस्थान' में – या एक 'भिखारी घर' में – कम से कम एक साल की और अधिकतम तीन साल की अवधि के लिए हिरासत में रखा जा सकता है। अगर कोई व्यक्ति, जिसे एक बार हिरासत में रखा जा चुका है, मुक्त होने के बाद फिर से भीख माँगता पाया जाता है तो उसे तीन साल से ज़्यादा अवधि के लिए हिरासत में रखा जा सकता है। उसके भी बाद, हर बार क़ानून के तहत यह ज़रूरी है कि कोर्ट दस साल की अवधि के लिए उसे हिरासत में रखने का आदेश दे। और यह सब महज़ एक विधिसंक्षिप्त सुनवाई (समरी ट्रायल) के ज़रिये किया जा सकता है।

प्रत्यक्षतया ग़रीब लोगों की मनमानी गिरफ़्तारी, संक्षिप्त जाँच और संक्षिप्त

सुनवाई, और लंबी अवधि की हिरासत। क्या इससे भी बुरी बात और कोई हो सकती है? शायद हो सकती है। 'भिखारियों' की 'धरपकड़' के लिए 'छापेमारी' भी होती है। क़ानून में ऐसा कुछ भी नहीं है जो इसके लिए कहता है, लेकिन ऐसा भी कुछ नहीं है जो इससे रोकता हो। लिहाज़ा यह वो नियमित प्रक्रिया है जिसका पालन पुलिसकर्मी और समाज कल्याण विभाग के अफ़सर करते हैं। 1991 में बॉम्बे हाई कोर्ट द्वारा स्थापित की गई एक समिति ने एक 'पुलिस दस्ते' के साथ मिलकर इस बात की निगरानी की कि 'उन लोगों को गिरफ़्तार किया जाए जो सड़कों पर गंदे कपड़ों में और फ़िज़ूल घूमते पाए जा रहे हैं। उन्हें दरअसल भीख माँगते नहीं पकड़ा गया ... बड़ी संख्या में ग़लत लोगों को हिरासत में ले लिया गया, जो न केवल अमानवीय बल्कि अन्यायपूर्ण भी था। ... इस बात को तय करने का कोई पैमाना नहीं था कि कौन भीख माँग रहा है, कौन बीमार है, शारीरिक रूप से अपंग है या किसी आर्थिक मदद की ज़रूरत में है।'[11]

उसके बाद वह समिति कोर्टरूम में रिमांड के 33 मामलों में और 21 नए मामलों में गवाह बनी – 21 लोगों को तो सीधे 'भिखारी' घर भेज दिया गया और बाक़ी 33 में से 31 को छोड़ दिया गया और दो को हिरासत में ले लिया गया। यह सारी प्रक्रिया केवल आठ मिनट में पूरी हो गई।[12] अगर आपको यह महसूस होता है कि यह तो बहुत ही बुरा है तो फिर ज़रा दिल्ली के समाज कल्याण, विधि व न्याय मंत्री द्वारा तक़रीबन एक साल से थोड़ा पहले (2009 में) किए गए उन मोबाइल कोर्ट के 'उद्घाटन' को देखिए जिन्हें पकड़े गए भिखारियों के मामले में 'तुरंत फैसला' देना है,[13] और इस क़दम का दिल्ली हाई कोर्ट की एक खंडपीठ तक अनुमोदन कर चुकी है।[14]

दिल्ली में इसकी वैन पर पहले यह पहचान अंकित होती थी, 'भिक्षावृत्ति-निरोधी दस्ता मोबाइल कोर्ट'। फिर शायद किसी को लगा कि यह राजनीतिक रूप से सही नहीं है। तो 'भिक्षावृत्ति-निरोधी दस्ता' जहाँ लिखा था, उस पर पेंट कर दिया गया। वह पेंट भी इस ख़राब तरीक़े से किया गया कि नीचे के अक्षर नज़र आ रहे थे। यानी उन नज़र आते अक्षरों पर पेंट की परत राज्य को उस

वैर-भाव को नकारने में मदद दे सकती थी जिसको वे शब्द बयां करते थे। कोर्ट ने सरकार को यह भी निर्देश दिया कि वह उन भिखारियों को उन राज्यों में फिर से भेजने की कोशिश करे जहाँ से वे आए थे[15] – यानी नागरिकता पर और भारत के किसी भी इलाक़े में आज़ादी से जाने और निवास करने के अधिकार पर एक टिप्पणी।

ऐसा ज़ाहिर होता है कि ग़रीबी सीमाएँ व चहारदीवारियाँ खड़ी कर देती है और राष्ट्रमंडल खेलों जैसे आयोजन अधिकारविहीनता को और गहरा कर देते हैं। उन खेलों की भूमिका का एक पहलू वह योजना भी थी कि प्रत्यक्षतया ग़रीब लग रहे लोगों को शहर के दो पार्कों में रख दिया जाए और उन्हें राष्ट्रमंडल खेलों के बैनरों से ढँक दिया जाए ताकि भीषण ग़रीबी की शर्म, और बिना किसी विधिक प्रक्रिया के पकड़े गए लोगों की हिरासत को छिपाया जा सके।[16] जब समय नज़दीक आया तो वे ग़रीब ग़ायब हो गए और उनका कोई निशान तक नहीं मिला। कभी अगर वे लौटें, तो ही हमें पता चल सकता है कि उनके साथ क्या हुआ। या हो सकता है कि कभी पता ही न चले।

मई 2000 में, दिल्ली के लामपुर भिखारी घर में आठ लोगों की मौत हो गई। वजह – पानी का मल से दूषित हो जाना। मुम्बई में चेंबूर में पुरुषों के भिखारी घर के 'मृत्यु रजिस्टर' में अप्रैल से सितंबर 1990 के बीच 19 मौतें दर्ज की गईं। वहीं महिला भिखारी घर में दर्ज मौतों की संख्या 1987–88 में 55, 1988–89 में 95, 1989–90 में 20 और 1990–91 में 4 थी।[17] सितंबर 2010 में, बैंगलोर में भिखारी घर में एक के बाद एक 28 मौतें हुईं। ये वे सारी रिपोर्ट हैं जो कभी-कभार सामने आ जाती हैं जिनसे यह ज़ाहिर होता है कि दिक़्क़त और कहीं गहरी है। इन संस्थानों में रखे गए लोगों के सामने मौजूद लाचारी व विकल्पहीनता की भरपाई कहीं भी प्रशासन की ज़िम्मेदारी से नहीं होती। लिहाज़ा इनकी इमारतें घोर लापरवाही, ज़्यादा जोखिम और गैर-ज़िम्मेदारी की ईंटों से बनी होती हैं।

2006 में, जब एक वकील के आग्रह पर दिल्ली की सड़कों को साफ़ करने की ज़ोरदार गतिविधियाँ हो रही थीं और छापे व धरपकड़ के दौर की शुरुआत

हुई थी,[18] वहीं उसी हाई कोर्ट के एक अन्य जज की तरफ़ से यह कोशिश की जा रही थी कि वे उन लोगों को यह सुनाए – जो सुनना चाहते हैं – कि भीख माँगना क़तई किसी ग़रीब का अपराध नहीं है बल्कि वह 'राज्य की विफलता' का संकेत है।[19] उनका कहना था कि क़ानून के दो मक़सद हैं – 'एक तो किसी को भीख नहीं माँगना चाहिए और दूसरा, किसी को भीख माँगने की ज़रूरत नहीं पड़नी चाहिए।'[20] लेकिन उस जज की बात नक्कारखाने में तूती की ही तरह रह गई।

ऐसा प्रतीत होता है कि 'भिखारियों' से कैसा बर्ताव किया जाना चाहिए, इसको लेकर कोई संवैधानिक नियंत्रण नहीं हैं। यह क़ानून साफ़ तौर पर सामाजिक नियंत्रण का एक क़दम है। यह ग़रीबी को अपराध बनाता है। यह लंबे समय तक असंवैधानिक रूप से हिरासत में रखे जाने को जायज़ ठहराता है। ग़रीबों को आपराधिकता के दायरे में रखकर, वह ज़्यादतियों, अलग-थलग रखे जाने और निर्वासन का भी रास्ता बनाता है। इसने मौत, हिरासत व बुनियादी अधिकारों के वंचन का कम से कम बीस साल का अनुभव तो अर्जित कर ही लिया है। यह कोई अतिशयोक्तिपूर्ण बात नहीं है। फिर भी यह क़ानून की किताबों में बदस्तूर बना हुआ है।

यही वो संविधान है जो ग़रीब लोग अनुभव कर रहे हैं।

संदर्भ और टिप्पणियाँ

1 बँधुआ मज़दूर क़ानून 1976 का अनुच्छेद 4 (1)

2 *Bandhua Mukti Morcha vs. Union of India & Ors.*, (1984) 3 एनसीसी 161

3 *Public Union For Civil Liberties vs. State Of Tamil Nadu*, रिट याचिका (सिविल) 1985 की सं. 3922, सुप्रीम कोर्ट का आदेश तारीख़ 11 मई 1997

4 'सैनिटेशन' अनुसूची VII में, राज्य सूची, प्रविष्टि 6 है।

5 मैला ढोने वाले को काम पर रखना और शुष्क शौचालयों का निर्माण करना (निषेध) क़ानून 1993 की प्रस्तावना।

6 राष्ट्रीय सफ़ाई कर्मचारी आयोग अधिनियम 1993 के उद्देश्यों व कारणों का वक्तव्य।

7 एस. आर. शंकरन एक असामान्य क़िस्म के नौकरशाह थे। उन्होंने अथक रूप से जिन मुद्दों पर काम किया, उनमें बँधुआ मज़दूरी, आदिवासी अधिकार और हाशिए के लोगों की गरिमा को लौटाना आदि शामिल थे। वह कमिटी ऑफ़ कंसंर्ड सिटीजंस के मुख्य सदस्यों में थे जो दरअसल वार्ताकारों का एक समूह था जिसके पास सरकार और पीपुल्स वार ग्रुप, दोनों से बात करने का नैतिक अधिकार था। वे इस बात से आश्वस्त थे कि मैला ढोने की प्रथा के उन्मूलन को लेकर कोई समझौता नहीं हो सकता। वह आंदोलन के संरक्षक, सलाहकार व साथी– सबकुछ थे। उनकी यह प्रतिबद्ध इच्छा थी कि साल ख़त्म होने से पहले मैला ढोने की प्रथा का ख़ात्मा हो जाए। लेकिन वह यह देखने के लिए, और जो हो रहा है उसमें मदद देने के लिए मौजूद न रहे और बेहद खामोशी से 7 अक्टूबर 2010 को चल बसे। उन्होंने बस यात्रा की परिकल्पना करने और उसे शुरू करने में मदद दी और जब मैं यह लिख रही हूँ तो बसें यह माँग करते हुए दिल्ली की तरफ़ बढ़ रही हैं कि मैला ढोने की घोर अमानवीय प्रथा को तुरंत ख़त्म करने की तरफ़ पूरे देश का ध्यान खींचा जाए।

उनके साथ बातचीत उनके गुज़र जाने से क़रीब तीन हफ़्ते पहले हुई थी और उसे आगे होने वाले ऐसे कई संवादों में से पहला होना था जिनकी मदद से इस आंदोलन की जीवनी तैयार की जानी थी।

8 एस. आर. शंकरन के साथ 14 सितंबर 2010 को रिकॉर्डेड बातचीत।

9 *Safai Karamchari Andolan vs. Union Of India*, साल 2003 की रिट याचिका (आपराधिक) सं. 583

10 बॉम्बे प्रिवेंशन ऑफ़ बेगिंग ऐक्ट 1959 का अनुच्छेद 2 (1) (डी)। मेरे आलेख, 'प्रत्यक्ष ग़रीबी, भिक्षावृत्ति और क़ानून' (*इकॉनोमिक एंड पॉलिटिकल वीकली*, 1 नवंबर 2008, पृ. 33–44), में इस क़ानून के साथ अनुभव पर विस्तार से चर्चा की गई है।

11 बॉम्बे प्रिवेंशन ऑफ़ बेगिंग ऐक्ट 1959 के तहत भिखारियों की गिरफ़्तारी में अपनाई गई प्रक्रिया पर रिपोर्ट, रिपोर्ट ऑफ़ द कमीशन ऑन बेगर्स एक्ट का पैरा 6, बॉम्बे हाई कोर्ट में *Manjula Sen vs. State of Maharashtra*, साल 1990 की रिट याचिका सं 1639 का संलग्नक सं. 4।

12 उपरोक्त का पैरा 5

13 'मोबाइल कोर्ट से पकड़े जाएंगे भिखारी', द *हिंदू*, 1 सितंबर 2009, नई दिल्ली।

14 'भिखारियों को सड़कों से हटाओ, हाई कोर्ट ने दिल्ली सरकार को कहा', द *ट्रिब्यून*, 11 अगस्त 2009

15 उपरोक्त स्रोत।

16 'सरकार का अनूठा खेल : राष्ट्रमंडल खेलों के दौरान भिखारियों को बंद पार्क में छिपाना', *हिंदुस्तान टाइम्स*, 10 सितंबर 2010 (http://www.hindustantimes.com/Govt-s-novel-gameplan-Hide-beggars-in-covered-parks/Article1-598320.aspx; देखा गया 14 अक्टूबर 2010 को)

17 उपरोक्त टिप्पणी 11

18 *The Court on its Own Motion vs. In re:Begging in Public*, रिट याचिका (आपराधिक) सं 1840, 2006

19 *Ram Lakhan vs. State*, आपराधिक पुनर्शोधन याचिका सं. 784 साल 2006, फैसला 5.12.2006 को।

20 उपरोक्त का पैरा 6

सबसे पहले सेमिनार में 'एक भीषण ख़तरे में संविधान' शीर्षक से प्रकाशित।

https://www.india-seminar.com/2010/615/615_usha_ramanathan.htm

7.

नागरिकता – संवैधानिक सोच और संघ परिवार के सपने

सुबोध वर्मा

संघ परिवार की 'हिंदू राष्ट्र' की कल्पना नाज़ी सोच के बहुत क़रीब है। कौन भारत का नागरिक होगा, इसकी संघी परिभाषा भारतीय संविधान की सोच के बिल्कुल विपरीत है। नागरिकता संशोधन अधिनियम 2019 के ख़िलाफ़ चल रहे आंदोलन, वास्तव में संविधान को संघी मकड़जाल से बचाने का संघर्ष है।

नागरिकता (संशोधन) विधेयक (सीएए), 2019 संसद में पारित हो गया और राष्ट्रपति ने भी 11 दिसंबर को स्वीकृति दे दी। इसके साथ ही भारत, धर्म के आधार पर नागरिकता देने वाला शायद एकमात्र देश बन गया है। बेशक, क़ानून केवल तीन पड़ोसी देशों के प्रवासियों के लिए है। लेकिन गृह मंत्री अमित शाह ने फिर से सदन में कहा कि अगले क़दम के रूप में, नागरिकता साबित करने के लिए देशव्यापी क़वायद की शुरुआत जल्द ही की जाएगी। जिसे नागरिकों का राष्ट्रीय रजिस्टर (एनआरसी) कहा जाएगा। सीएए और एनआरसी का संयुक्त असर यह होगा कि एक विशाल और हिंसक अभियान, देश में धार्मिक अल्पसंख्यकों को आतंकित करके हाशिए पर धकेलने का काम करेगा। 1933

में नाज़ियों के सत्ता में आने के बाद जर्मनी में जो हुआ उसकी भयावहता आँखों के सामने घूम जाती है।

हालाँकि आज का भारत 1930 और 1940 के जर्मनी की तरह नहीं है, फिर भी उस दौर को याद न करना मूर्खता होगी जिसमें नाज़ियों ने यहूदियों को निशाना बनाया था और अंततः लगभग 60 लाख यहूदियों को मौत के घाट उतार दिया गया। उन्होंने भी यहूदियों के साथ भेदभाव की शुरुआत क़ानून में बदलाव के ज़रिए की थी। और फिर सड़कों पर हिंसा का तांडव चला।

नाज़ी जर्मनी में क्या हुआ था

1920 में, नाज़ी पार्टी ने 25-सूत्री कार्यक्रम जारी किया और यहूदियों को 'आर्य' समाज से अलग करने और उनके आर्थिक, सामाजिक और राजनीतिक अधिकारों को समाप्त करने का उद्देश्य प्रकट किया था। 1933 में सत्ता में आने के बाद, नाज़ियों ने यहूदियों को अलग-थलग करने के लिए क़ानूनों और नियमों में बदलाव लाकर अपने उद्देश्य की ओर तेज़ी से बढ़ना शुरू कर दिया। ऐसा अनुमान लगाया जाता है कि राष्ट्रीय स्तर से लेकर प्रांतीय और स्थानीय स्तरों तक, लगभग 2,000 ऐसे वैधानिक परिवर्तन लाए गए थे। इनमें से कुछ यहूदी विरोधी क़ानून नीचे सूचीबद्ध हैं (ब्रिटिश लाइब्रेरी और विभिन्न स्रोतों पर आधारित) :

1933 : यहूदियों को सरकारी सेवा से हटाने के लिए नया क़ानून लाया गया; यहूदियों को वकील बनने की मनाही की गई; पब्लिक स्कूलों में यहूदी छात्रों की संख्या को सीमित किया गया; देशीय यहूदियों और 'अवांछनीय' यहूदियों की नागरिकता को रद्द किया गया; उन्हें संपादकीय पदों से प्रतिबंधित किया गया; 'कोशर', यानी पशुओं के वध का पारंपरिक रिवाज, पर प्रतिबंध लगाया गया।

1934 : यहूदी छात्रों को चिकित्सा, दंत चिकित्सा, फ़ार्मेसी और क़ानून की परीक्षा में बैठने से रोका गया; साथ ही यहूदियों को सैन्य सेवा से भी बाहर कर दिया गया।

1935 : बदनाम नुरेम्बर्ग क़ानून : जर्मन यहूदियों की राइख की नागरिकता को ख़त्म करना और मतदान का अधिकार छीन लेना; उन्हें 'जर्मन या जर्मन-रक्त संबंधित' व्यक्तियों के साथ विवाह करने या यौन संबंध बनाने से रोका गया।

1935–36 : पार्क, रेस्तरां और स्विमिंग पूल में यहूदियों के जाने पर प्रतिबंध लगा दिया गया था; बिजली/ऑप्टिकल उपकरण, साइकिल, टाइपराइटर या रिकार्ड्स के इस्तेमाल की अनुमति नहीं थी; जर्मन स्कूलों और विश्वविद्यालयों से यहूदी छात्रों को निरस्त कर दिया गया; यहूदी शिक्षकों को सरकारी स्कूलों में प्रतिबंधित कर दिया गया था।

1938 : यहूदियों को विशेष पहचान पत्र जारी किए गए; यहूदियों को सिनेमा, थिएटर, संगीत कार्यक्रमों, समुद्र तटों और छुट्टी मनाने के रिसॉर्ट्स से बाहर कर दिया गया; उन्हें अपने नाम के साथ 'सारा' या 'इज़रायल' जोड़ने के लिए मजबूर किया गया; यहूदियों के पासपोर्ट पर लाल अक्षर 'जे' की मुहर लगाई जाती थी।

9–10 नवंबर की रात को (जिसे क्रिस्टलनैक्ट या 'टूटे हुए कांच की रात' भी कहा जाता है) यहूदियों के ख़िलाफ़ देशव्यापी हिंसा की गई और उनके धार्मिक सभा स्थलों, घरों तथा दुकानों को नष्ट कर दिया गया।

1939 : कई यहूदियों को उनके घरों से बेघर कर दिया गया; यहूदियों के रेडियो ज़ब्त किए गए; यहूदियों को बिना किसी मुआवज़े के राज्य को सभी सोने, चांदी, हीरे और अन्य क़ीमती सामान सौंपने को कहा गया; यहूदियों पर हर समय कर्फ़्यू बरपा रहता था।

1940 : यहूदियों के टेलीफ़ोन ज़ब्त कर लिए गए; युद्ध के समय कपड़ों के लिए राशन कार्ड बंद कर दिए गए।

1941 : यहूदियों को सार्वजनिक टेलीफ़ोन के इस्तेमाल की मनाही थी; पालतू जानवरों को रखने की मनाही थी; और देश छोड़ने की भी मनाही थी।

1942 : यहूदियों के फ़र कोट, ऊनी आइटम ज़ब्त किए गए; उन्हे अंडे या दूध हासिल करने की अनुमति नहीं थी।

यह तो केवल कुछ क़ानूनी परिवर्तनों की कहानी है। लेकिन असलियत में, यहूदियों के साथ-साथ रोमा लोगों, यौन अल्पसंख्यकों, ट्रेड यूनियन कार्यकर्ताओं, कम्युनिस्टों और सोशल डेमोक्रेट, अश्वेतों तथा सभी ग़ैर-आर्यों को सबसे भयावह तरीक़े से प्रताड़ित किया गया था और अक्सर उन्हें मार डाला गया था, इन क़ानूनों का इस्तेमाल हिंसा बरपाने के लिए किया जाता था। नाज़ी ज़ुल्मियों ने उन नीतियों को लागू किया, जिन्हें फ़ासीवादी शासकों और उनके फ्यूहरर यानी एडोल्फ़ हिटलर की पूरी तरह से मंज़ूरी थी।

सीएए और देशव्यापी एनआरसी की वैचारिक जड़

यह याद रखने की बात है कि आरएसएस ने हमेशा नाज़ियों के विचारों की सराहना की है। राष्ट्रीय स्वयंसेवक संघ (आरएसएस) के सुप्रीमो और प्रमुख विचारक एम. एस. गोलवलकर ने अपनी प्रसिद्ध पुस्तक *वी एंड आवर नेशनहुड डिफाइंड* में कहा है कि :

जर्मनी ने यहूदी नस्ल का शुद्धिकरण करके दुनिया को चौंका दिया है। उसने ऐसा कर अपनी नस्ल के उच्चतम गौरव को हासिल किया है। जर्मनी ने यह भी दिखाया है कि भिन्न नस्ल और संस्कृतियों के लिए यह कितना असंभव है, कि उनके जड़ों में अंतर होने के कारण उन्हें आपस में आत्मसात नहीं किया जा सकता है, हिंदुस्तान में हमारे लिए सीखने के लिए और इससे लाभ उठाने का एक अच्छा सबक है। (पृ. 87–88)

गोलवलकर हिंदू राष्ट्र को परिभाषित करते हुए कहते हैं कि 'वे सभी लोग जो राष्ट्र से संबंध नहीं रखते हैं यानी जो हिंदू नस्ल, धर्म, संस्कृति और भाषा से संबंधित नहीं हैं, स्वाभाविक रूप से वास्तविक "राष्ट्रीय" जीवन से बाहर हो जाते हैं।' (पृ. 99) ऐसे लोगों को विदेशी माना जाएगा यदि वे 'अपने नस्लीय, धार्मिक और सांस्कृतिक मतभेदों को बनाए रखते हैं।' (पृ. 101)

संघ विचारक तब इसे अधिक स्पष्ट शब्दों में यहाँ बताते हैं :

'हिंदुस्तान में विदेशी नस्लों को या तो हिंदू संस्कृति और भाषा को अपनाना होगा, और हिंदू धर्म के प्रति श्रद्धा और सम्मान करना सीखना होगा, किसी अन्य विचार को अपनाए बिना सिर्फ़ हिंदू नस्ल और संस्कृति के गौरव को, यानी हिंदू राष्ट्र और हिंदू नस्ल में विलय करने के लिए अपने अलग अस्तित्व को खोना होगा, ऐसा कर वे देश में रह सकते हैं, हिंदू राष्ट्र के पूर्ण अधीन होकर बिना किसी भी तरह के दावे के, उनका कोई विशेषाधिकार भी नहीं होगा, उन्हें बहुत कम तरजीह दी जाएगी – यहाँ तक कि उन्हें नागरिक के अधिकार भी हासिल नहीं होंगे।' (पृ. 105)

अंतिम वाक्यांश पर ध्यान दें – यह वही है जिसे वर्तमान सरकार तैयार कर रही है। सीएए इस विचार की आख़िरी कील है। एनआरसी एक व्यापक और गहरे विभाजन के लिए क़ानूनी आधार तैयार करेगा।

भारत फ़िलहाल इसके कहीं नज़दीक नहीं है, और इस तरह के सभी क़दमों के ख़िलाफ़ बड़े पैमाने पर विरोध होगा, जैसा कि वर्तमान में सीएए के ख़िलाफ़ हो रहा है, देश के कई हिस्सों में विरोध प्रदर्शनों की बाढ़ लग गई है। लेकिन, हमें इतिहास से सबक सीखने की ज़रूरत है, अन्यथा हमें इसे दोहराने के लिए दोषी माना जाएगा।

डॉ. अम्बेडकर और संविधान

यह विडंबना ही है कि डॉ. अम्बेडकर की 63वीं पुण्यतिथि पर, देश में संविधान के मूल सिद्धांत को बदलने की सबसे ज़्यादा कोशिश की जा रही है। सीएए का सावधानीपूर्वक विश्लेषण करने से यह पता चलता है कि डॉ. अम्बेडकर जिन प्रमुख मूल्यों के पक्ष में खड़े थे और जिनके लिए वे हमेशा लड़े थे, यह विधेयक उन मूल्यों के ख़िलाफ़ है।

सीएए का कहना है कि भारत के तीन पड़ोसी देशों (अफ़ग़ानिस्तान, पाकिस्तान और बांग्लादेश) के मुसलमानों को छोड़कर सभी अवैध अप्रवासियों

को अवैध नहीं माना जाएगा और दूसरों की तुलना में बहुत कम समय सीमा में उनका देशीकरण कर दिया जाएगा। आइये, देखें यह कैसे संविधान की भावना और डॉ. अम्बेडकर के मूल्यों के ख़िलाफ़ जाता है?

धर्मनिरपेक्षता पर हमला

भारतीय संविधान यह घोषित करता है कि भारत एक धर्मनिरपेक्ष देश है। इसका अर्थ आमतौर पर यह लगाया जाता है कि सरकार किसी भी धर्म के साथ भेदभाव नहीं करेगी और न ही वह किसी धर्म विशेष का पक्ष लेगी। ज़ाहिर है कि सीएए इस मूल या बुनियादी सिद्धांत का उल्लंघन करता है। यह उल्लेखित तीन देशों (जो मुस्लिम बहुल देश हैं) से आनेवाले मुसलमानों के ख़िलाफ़ सक्रिय रूप से भेदभाव करेगा। उन्हें क़ैद किया जाएगा, निर्वासित किया जाएगा या देशीकरण के लिए अपनी हैसियत साबित करने के लिए कहा जाएगा, जिसमें उन्हें यह प्रमाण पत्र भी उपलब्ध कराना होगा जिससे वे साबित कर सकें कि वे 14 वर्षों में से पिछले 11 वर्षों से भारत में रह रहे हैं।

इसके अलावा, भेदभाव का एक दूसरा पहलू भी है। इसके पक्ष में एक तर्क यह भी दिया जाता है कि इन तीन देशों में ग़ैर-मुस्लिम लोगों को सताया जाता है, इसलिए उन्हें भारत में आश्रय दिया जाएगा। लेकिन अन्य मुस्लिम संप्रदायों के बारे में क्या कहना है, जैसे कि अहमदिया जो इनमें से कुछ देशों में उत्पीड़न का सामना करते है? नए क़ानून के हिसाब से तो उनसे भी सभी मुसलमानों की तरह से निपटा जाएगा। दूसरे शब्दों में कहें तो यह उत्पीड़न का मामला नहीं है, बल्कि धार्मिक विश्वास का फ़लसफ़ा है।

दरअसल, 15 नवंबर 1948 को प्रोफ़ेसर के. टी. शाह ने संविधान सभा में एक प्रस्ताव पेश करते हुए कहा था कि संविधान के अनुच्छेद 1 में 'धर्मनिरपेक्ष, संघीय, समाजवादी' शब्दों को डाला जाए। डॉ. अम्बेडकर ने उस प्रस्तावित संशोधन को ख़ारिज कर दिया। अपने तर्क में उन्होंने केवल इतना कहा था कि

'समाजवादी' को जोड़ना अनावश्यक होगा और इस सिद्धांत को माना जाना चाहिए कि आर्थिक प्रणाली के विकास के मामले को संसद के लिए छोड़ना बेहतर होगा। उन्होंने धर्मनिरपेक्षता पर कोई टिप्पणी नहीं की। इसका अर्थ यह लगाया गया है कि वे धर्मनिरपेक्षता के ख़िलाफ़ थे।

इसके अलावा, संविधान पर चली बहस में अन्य हस्तक्षेप से यह स्पष्ट हो जाता है कि डॉ. अम्बेडकर इस सिद्धांत के साथ दृढ़ता से खड़े थे कि धर्म एक निजी मामला है और इसे सार्वजनिक नीति के मामले में लागू नहीं किया जाना चाहिए। उदाहरण के लिए, धार्मिक शिक्षा प्रदान करने वाले शिक्षण संस्थानों को सरकार के वित्तीय समर्थन के सवाल पर, उन्होंने ज़ोर देकर दृढ़ता से विरोध करते हुए कहा कि, 'हमने उस प्रस्ताव को स्वीकार कर लिया है जो अनुच्छेद 21 में सन्निहित है, कि करों के ज़रिए अर्जित सार्वजनिक धन का उपयोग किसी विशेष संप्रदाय के लाभ/कल्याण के लिए नहीं किया जाएगा। उन्होंने कहा, 'दुर्भाग्य से देश में जो धर्म हैं, वे केवल ग़ैर-सामाजिक नहीं हैं, जहाँ तक उनके आपसी संबंधों का सवाल है, वे असामाजिक भी हैं, क्योंकि एक धर्म यह दावा करता है कि उसकी शिक्षाएँ मानव उद्धार के लिए एकमात्र सही रास्ता हैं, अन्य सभी धर्म ग़लत हैं। इसे देखते हुए ... मुझे ऐसा लगता है कि हम किसी संस्था के शांतिपूर्ण माहौल को ही बिगाड़ रहे होंगे, अगर हम इस विवाद को किसी धर्म विशेष के सत्य चरित्र और दूसरों के ग़लत चरित्र के संबंध में स्कूल में उसकी तुलना के लिए लाते है।'

डॉ. अम्बेडकर द्वारा धर्मनिरपेक्षता का विरोध किए जाने के बारे में संघ परिवार द्वारा बेबुनियाद ख़बर को प्रचारित किया जाना, कई लोगों को गुमराह करने के लिए इस्तेमाल किया जाता रहा है, लेकिन यह सिर्फ़ उन झूठों में से एक है जो आज इतने आम हो गए हैं।

समानता पर हमला

सीएए संविधान के अनुच्छेद 14 में निहित मौलिक अधिकारों में से एक पर हमला है। यह अनुछेद इस प्रकार है :

अनुच्छेद 14 क़ानून के समक्ष समानता। राज्य क़ानून के समक्ष किसी भी व्यक्ति को समानता या भारत के क्षेत्र के भीतर क़ानूनों के समान संरक्षण से इनकार नहीं करेगा।

यह संविधान के भाग III में शामिल है, जिसे 'मौलिक अधिकार' कहा गया है।

इसका मतलब यह है कि राज्य न केवल भारत के क्षेत्र के भीतर 'किसी भी व्यक्ति' को अपने कार्यों के ज़रिए समानता सुनिश्चित करेगा, बल्कि यह भी सुनिश्चित करेगा कि ऐसे सभी लोगों को क़ानून का समान संरक्षण प्राप्त हो। ध्यान दें कि अनुच्छेद 'किसी भी व्यक्ति' के बारे में स्पष्ट रूप से कह रहा है और वह यहाँ नागरिक होने का जिक्र नहीं कर रहा है। इसका मतलब यह है कि देश में विदेशियों या अवैध प्रवासियों को भी संरक्षण की गारंटी दी जाएगी, जो संविधान की एक गहन और मौलिक दृष्टि है।

लेकिन सीएए ठीक इसके उलट है – यह एक ख़ास धार्मिक समुदाय के अवैध अप्रवासियों के ख़िलाफ़ भेदभाव करता है। इस अर्थ में देखें तो यह मौलिक अधिकार का उल्लंघन है।

क्या सरकार के पास ऐसे मौलिक अधिकारों में संशोधन करने का अधिकार है?

सुप्रीम कोर्ट ने अपने विभिन्न निर्णयों में इस संदेह का उत्तर दिया है कि संविधान में क्या संशोधित किया जा सकता है और क्या नहीं बदला जा सकता है। इनमें से केशवानंद भारती एक ऐसा प्रमुख मामला था, जिसने यह निर्धारित किया कि संविधान के मूल ढाँचे को नहीं बदला जा सकता है और यह भी कि मौलिक अधिकार मूल ढाँचे का हिस्सा हैं। इसके बाद के अन्य निर्णयों में भी

दोहराया गया है कि मौलिक अधिकार संविधान के मूल ढाँचे का हिस्सा हैं। संक्षेप में, बहुत दृढ़ता से यह तर्क दिया जा सकता है कि सीएए संविधान के मूल ढाँचे को बदलने का प्रयास है और इसलिए इसे सर्वोच्च न्यायालय द्वारा ख़ारिज किया जा सकता है।

अंत में, यह याद रखना चाहिए कि मौजूदा सरकार संविधान की विभिन्न विशेषताओं को व्यवस्थित रूप से नष्ट कर रही है – संघवाद, लोकतंत्र, क़ानून का शासन, व्यक्तियों के अधिकार, विशेष रूप से दलितों और आदिवासियों के अधिकारों, आदि पर सीएए अभी तक का एक बड़ा हमला है। डॉ. अम्बेडकर की पुण्यतिथि के अवसर पर यह याद रखना और उनकी विरासत के इस विनाश के ख़िलाफ़ लड़ना आवश्यक है।

सीएए में प्रभावी प्रावधान यह है कि तीन पड़ोसी देशों (अफ़ग़ानिस्तान, बांग्लादेश और पाकिस्तान) से सिर्फ़ मुसलामानों को छोड़कर बाक़ी सभी धर्मों को माननेवाले अवैध घुसपैठियों को अब छह साल (पहले के ग्यारह वर्षों के बजाय) देश के भीतर गुज़ारने के बाद भारतीय नागरिकता मिल जाएगी। यह मूल अधिनियम की धारा 2 में संशोधन के साथ-साथ धारा 4 में एक अन्य संशोधन में निर्दिष्ट है, जो अधिनियम की तीसरी अनुसूची को परिवर्तित कर देता है।

सीएए यह तर्क प्रस्तुत करता है कि विदेशी अधिनियम, 1946 और पासपोर्ट (भारत में प्रवेश के लिए) अधिनियम, 1920, जिससे केंद्रीय सरकार को ये अधिकार मिल जाते हैं कि वह भारत के भीतर किसी विदेशी के प्रवेश, गमन और निवास को नियंत्रित कर सके, में बदलाव पहले ही कर दिए गए हैं। ये बदलाव मोदी सरकार ने अपने पिछले कार्यकाल में, 2015 और 2016 में ठीक इसी विवेचना के आधार पर अपनाए थे, जिससे मुसलमानों को 6 साल के भीतर नागरिकता का अधिकार हासिल करने से वंचित किया जा सके।

सरकारी आदेशों में इन नियमों में बदलाव करने में सबसे महत्वपूर्ण बिंदु यह है कि इसमें अवैध घुसपैठियों के लिए समय सीमा 31 दिसम्बर 2014 तक की दी गई थी। जो लोग इस 5 साल की समय सीमा तक या इससे पहले से भारत में प्रवास कर रहे हैं, उन्हें न तो वापस भेजा जाएगा और ना ही बंदी बनाया जाएगा और वे भारत की नागरिकता हासिल करने के हक़दार होंगे। लेकिन ज़रा ठहरिये, इसमें सभी अवैध घुसपैठिये शामिल नहीं हैं। मुस्लिमों को इसमें से बाहर कर दिया गया है। इसका अर्थ है कि ना सिर्फ़ उन्हें बंदी के तौर पर रखा जा सकता है, और उन्हें निर्वासित किया जा सकता है, बल्कि उन्हें इस बात को भी साबित करना होगा कि (i) वे नागरिकता का अधिकार हासिल करने के लिए आवेदन करने के 12 महीने पहले से भारत निवास कर रहे थे और (ii) उस 12 महीनों से पहले 14 में से कम से कम 11 वर्ष यहाँ गुज़ार चुके हैं।

अब, यही निर्धारित समय सीमा और अधिनियम नागरिकता क़ानून (संशोधन के बाद) का हिस्सा होने वाले हैं। (हो चुके हैं। लेख क़ानून बनने से पहले का है, इसलिए 'होने वाले' संशोधन की बात की जा रही है। इसी तरह मूल आलेख में सीएबी शब्द का इस्तेमाल किया गया जिसे बाद में सीएए कर दिया गया।) इसके चलते समूचे देश, ख़ासकर उत्तर-पूर्व के राज्यों में ऊहापोह और आक्रोश की स्थिति उठ खड़ी हुई है। लेकिन इन असंतोषों की वजहें अलग-अलग हैं।

मुस्लिम-विरोधी क़ानून

इन विरोध के पीछे सर्वप्रथम और सबसे महत्वपूर्ण वजह यह है कि नागरिकता संशोधन क़ानून और पूर्व में किए गए अन्य नियमों-अधिनियमों में परिवर्तन द्वारा निर्मित क़ानून से किसी एक विशेष धार्मिक पक्ष, मुस्लिम समुदाय को लक्ष्य कर उनके ख़िलाफ़ खुलेआम भेदभाव की बू आती है। इन पहलुओं पर वैधानिक रूप से तर्क पेश किए गए हैं कि किस प्रकार यह संशोधन, संविधान के अनुच्छेद 14

का उल्लंघन करता है, जिसमें क़ानून के समक्ष सभी को समानता के हक़ की गारंटी मुहैया की गई है। बेशक, इस अनुच्छेद का यह अर्थ निकाला गया हो कि लोगों के विभिन्न समूहों के बीच कुछ भिन्नता हो सकती है, बशर्ते कि इसके लिए एक उचित स्पष्टीकरण मौजूद हो। लेकिन जहाँ तक सीएए का प्रश्न है, इसमें इस तरह का कोई वाजिब स्पष्टीकरण पेश नहीं किया गया था।

सीएए न सिर्फ़ संविधान को आधार स्तंभ प्रदान करने वाली मूल प्रस्तावना का ही उल्लंघन करता है, जो इसके समूचे लोकाचार और सोच को दर्शाता है, और जिसे स्वतंत्रता आंदोलन की विरासत से हासिल किया गया था, बल्कि इसने उस समूची अवधारणा पर काफ़ी गंभीर प्रश्न खड़े कर दिए हैं। यह इसके राष्ट्रीय नागरिकता रजिस्टर से संबंध के कारण उत्पन्न होता है, जिसे बीजेपी सरकार पूरे देश में लागू कराना चाहती है। आइये, देखते हैं कि यह कड़ी किस प्रकार काम करने वाली है।

सीएए के पास होने के बाद, एनआरसी पर चलने वाली प्रक्रिया को असल में देश भर में मुसलमानों को निशाना बनाने के रूप में इस्तेमाल करने में काफ़ी सहूलियत हासिल हो सकेगी। क्योंकि बाक़ी सभी तरह के 'विदेशी मूल' के समुदायों को तो पहले से ही नागरिकता संशोधन विधेयक की मदद से सुरक्षित कर लिया गया है। अब सिर्फ़ मुसलमान ही बच जाएंगे जिन्हें अपनी नागरिकता साबित करने के लिए देश में अपने लंबे समय तक रहने के दस्तावेज़ जुटाने होंगे। अब आप इस बात की कल्पना कर सकते हैं कि कोई भी इंसान – चाहे वह किसी भी धर्म को मानने वाला हो – इस तरह के दस्तावेज़ो को कैसे इकट्ठा करके प्रस्तुत करेगा? इस पूरी प्रक्रिया से होगा क्या कि गुस्से और नफ़रत को भड़काने का मौका मिल जायेगा। न केवल सामाजिक विद्वेष, बल्कि हिंसा और उससे भी भयानक, अकल्पनीय स्तर का कलह फैलने की आशंका है।

उत्तर-पूर्व में असंतोष की वजहें

पूर्वोत्तर राज्यों में इसको लेकर भय की वजहें कुछ अलग हैं। हालिया एनआरसी की प्रक्रिया में 19 लाख से अधिक लोगों की 'विदेशी मूल' के रूप में 'पहचान' की गई है। यह 1985 के असम समझौते पर आधारित है जिसकी निर्धारित समय सीमा मार्च 1971 थी। इस पूरी प्रक्रिया से जो परिणाम निकल कर सामने आए हैं, उसमें पता चला है कि इसमें अधिकतर लोग हिंदू हैं, जो एनआरसी से बाहर हो गए हैं। इससे संघ परिवार और बीजेपी से जुड़े लोगों को गहरा धक्का पहुँचा है। अब सीएए, इस आघात को दूर कर देने वाला रामबाण नुस्खा सिद्ध होने जा रहा है, क्योंकि इसके ज़रिये, कथित विदेशी मूल के लफड़े से हिंदू साफ़ तौर पर बच निकल जाएंगे और उन्हें बिना किसी समस्या के भारत में शामिल किया जा सकता है।

लेकिन इस सवाल ने उत्तर-पूर्व के इन जातीय समूहों के बीच ग़ुस्से और गंभीर असंतोष को जन्म दे दिया है क्योंकि वे भयभीत हैं कि अब समूचे असम समझौते की मूल भावना को धता बताकर उन सभी हिंदू अप्रवासियों को उत्तर पूर्व में बसने की अनुमति मिल जाएगी, और जिस बात के लिए इतनी लड़ाई लड़ी गई थी, वह समस्या जस की तस बनी रहेगी।

दूसरे शब्दों में कहें तो उत्तर-पूर्व इन अप्रवासियों के हिंदू-मुस्लिम खाँचे में बँटवारे को मानने को हरगिज़ तैयार नहीं है। उनकी माँग है कि 1971 की दी गई सीमा के बाद जो भी अप्रवासी हैं, उन सभी को बाहर का रास्ता दिखाया जाए। याद रखें, यह क़ानून सभी ग़ैर-मुस्लिमों के लिए अंतिम तिथि को 2015 से पाँच साल पहले, यानी 2009 तक खिसका देता है, जबकि मुस्लिमों के लिए 2014 से 11 साल पहले तक।

मुद्दों से भटकाने वाली सीएए/एनआरसी की भूमिका

इस पूरे नागरिकता संशोधन क़ानून/नागरिकता रजिस्टर अभियान का उतना ही महत्वपूर्ण एक दूसरा पहलू भी मौजूद है जिसे भगवा ब्रिगेड द्वारा मैनेज किया जा रहा है। ये दोनों प्रस्तावित क़ानून देश में बढ़ती बेरोज़गारी, मंदी, बढ़ती हुई क़ीमतों, किसानों के संकट, श्रम क़ानूनों में किए जा रहे प्रतिक्रियावादी बदलावों के ज़रिए मज़दूरों के अधिकारों का गला धोंटने और छंटनी जैसे अन्य मुद्दों से जनता का ध्यान भटकाने का काम कर रहे हैं। विस्फोटक आर्थिक संकट को संभालने में नाकाम मोदी सरकार ने, ख़ासकर अपने दूसरे कार्यकाल में, ऐसे ढेर सारे क़दमों को उठाने का काम किया है जिससे देश सांप्रदायिक रंग में सरोबार किया जा सके और लोग सांप्रदायिक आधार पर सोचने पर मशगूल रहे। इससे जहाँ एक तरफ़ सरकार को मूल समस्याओं से पैदा होने वाले ग़ुस्से से राहत मिलती रहेगी, वहीं यह मुद्दा हिंदू राष्ट्र के निर्माण के आरएसएस के एजेंडे को भी आगे बढ़ाने का काम करता है।

मोदी सरकार की हालिया कार्रवाई ने संघ परिवार के बहुप्रतीक्षित मुद्दों को प्रमुखता से उठाने का काम किया है, जिसमें जम्मू-कश्मीर की विशेष हैसियत को निरस्त कर पूरे इलाक़े को एक सैन्य कारागार में तब्दील करना शामिल है। इसके साथ ही नागरिकता संशोधन विधेयक, एनआरसी और अयोध्या मसले को हल करने के बारे में भी उसका दावा है। इन सभी उपायों से कुछ हद तक चुनावी फ़ायदा उठाया जा सकता है, हालाँकि हरियाणा और महाराष्ट्र में भाजपा को मुँह की खानी पड़ी है और पश्चिम बंगाल के उपचुनावों के परिणामों ने इसे भी संदेहास्पद बना दिया है।

हालाँकि देश को गहरे विभाजन और संघर्ष में धकेलने के लिए नीतियों का पूरा फ़लक तैयार कर दिया गया है, मगर वे अपनी इस योजना में सफल होंगे या नहीं, यह अभी भविष्य की गर्त में है, क्योंकि आम लोगों का प्रतिरोध और संघर्ष भी भारी ऊर्जावान गति से आगे बढ़ रहा है।

आभार

हम सबसे पहले जस्टिस ए.पी. शाह, प्रबीर पुरकायस्थ, गीता हरिहरन और सुधन्वा देशपांडे को धन्यवाद देना चाहते हैं, जिनके लगातार निर्देशन और अथक परिश्रम की वजह से ही यह संकलन संभव हो पाया। साथ ही हम सेमिनार, द हिंदू, द लीफ़लेट, इंडियन कल्चरल फ़ोरम और न्यूज़क्लिक के बोर्ड और संपादक मंडल का शुक्रिया अदा करना चाहते हैं।

हम सोनाली, सत्यम, दानिया रहमान, एम. ओबैद, मुकुल सरल, चंदन गोराना, किशन जी और न्यूज़क्लिक के राजेश का शुक्रिया अदा करना चाहते हैं। इन्होंने अनुवाद से लेकर कोऑर्डिनेशन तक, सबमें हमारी सहायता की है।

हम निम्नलिखित वेबसाइट्स के आभारी हैं, जिन्होंने सच्ची पत्रकारिता की मिसाल दी है और जनता के मुद्दों को लगातार उठाया है। यह संकलन इन्हीं मंचों की मेहनत का नतीजा है।

Newsclick – https://www.newsclick.in
HarperCollins India – https://www.harpercollins.com
TheLeaflet – https://theleaflet.in
Seminar – https://www.india-seminar.com
The Hindu – https://www.thehindu.com

सबसे अधिक हम उनके आभारी हैं जिन्होंने लेखों और वीडियो के ज़रिए, अपने संघर्षों और अनुभवों को लोगों तक पहुँचाया। यह संकलन इन्हीं की कहानी है और इन्हीं को समर्पित है।

परिचय

जस्टिस अजीत प्रकाश शाह दिल्ली हाईकोर्ट के मुख्य न्यायाधीश रहे हैं। वह भारतीय विधि आयोग के अध्यक्ष भी थे।

इंदिरा जयसिंह वरिष्ठ अधिवक्ता हैं और साथ ही वे लॉयर्स कलेक्टिव की सचिव भी हैं।

रोहित डे येल विश्वविद्यालय के इतिहास विभाग में सहायक प्राध्यापक के पद पर कार्यरत हैं।

रोमिला थापर भारतीय इतिहासकार है। इनके अध्ययन का मुख्य विषय 'प्राचीन भारतीय इतिहास' रहा है। इन्होंने जवाहरलाल नेहरु विश्वविद्यालय, नई दिल्ली में प्रोफ़ेसर के पद पर कार्य किया, फ़िलहाल वहीं पर प्रोफ़ेसर एमारिता के पद पर हैं।

उषा रामनाथन मानवाधिकार कार्यकर्ता हैं जिन्होंने क़ानून और सामाजिक मुद्दों पर लगातार काम किया है।

प्रभात पटनायक वरिष्ठ अर्थशास्त्री हैं जिन्होंने 5 दशकों से अर्थशास्त्र के मार्क्सवादी नज़रिए पर लिखा है। वे जवाहरलाल नेहरु विश्वविद्यालय में प्राध्यापक थे और इस समय इसी विश्वविद्यालय में प्रोफ़ेसर एमरिटस के पद पर हैं।

प्रबीर पुरकायस्थ न्यूज़क्लिक के प्रमुख संपादक हैं। वे फ्री सॉफ्टवेयर मूवमेंट के राष्ट्रीय अध्यक्ष हैं और ऑल इंडिया पीपल्स साइंस नेटवर्क के संस्थापक सदस्य भी हैं। प्रबीर ने 4 दशक से विज्ञान, टेक्नोलॉजी, परमाणु , पॉवर सेक्टर और पेटेंट को लेकर कई संघर्ष किए हैं। वे इन्हीं मुद्दों पर देश के अख़बारों और पत्रिकाओं के लिए लिखते रहे हैं।

सुबोध वर्मा न्यूज़क्लिक के लिए सामाजिक और आर्थिक मुद्दों पर लिखते हैं। वह ट्रेड यूनियन और अन्य लेफ़्ट संगठनो के साथ भी काम कर चुके हैं।

सोनाली ने बतौर पत्रकार न्यूज़क्लिक के साथ काम किया है। वर्तमान में वे दिल्ली विश्वविद्यालय से हिंदी साहित्य में शोध कर रही हैं।

सत्यम न्यूज़क्लिक में पत्रकार हैं और साथ ही जन नाट्य मंच के साथ रंगमंच कलाकार भी।

उपेंद्र स्वामी वरिष्ठ पत्रकार, फ़ोटोग्राफ़र और अनुवादक हैं और पिछले 29 सालों से पत्रकारिता में सक्रिय हैं। उन्होंने शेरिल पेयर, अमर्त्य सेन और डोमिनिक ला पियरे जैसे लेखकों का हिंदी में अनुवाद किया है। साथ ही वे ट्रैवल पत्रिका *आवारा मुसाफ़िर* के संपादक भी हैं।

संजीव कुमार दिल्ली विश्वविद्यालय के देशबंधु कॉलेज में एसोसिएट प्रोफ़ेसर हैं। आलोचक और कहानीकार हैं।

शिप्रा किरण वाम प्रकाशन की एडिटर हैं।

प्रांजल पत्रकार और कार्यकर्ता हैं। वे न्यूज़क्लिक के साथ काम करते हैं। प्रांजल छात्र आंदोलन से भी जुड़े रहे हैं।